A

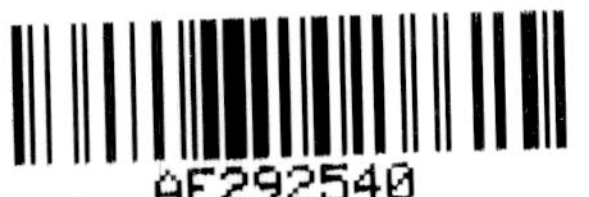

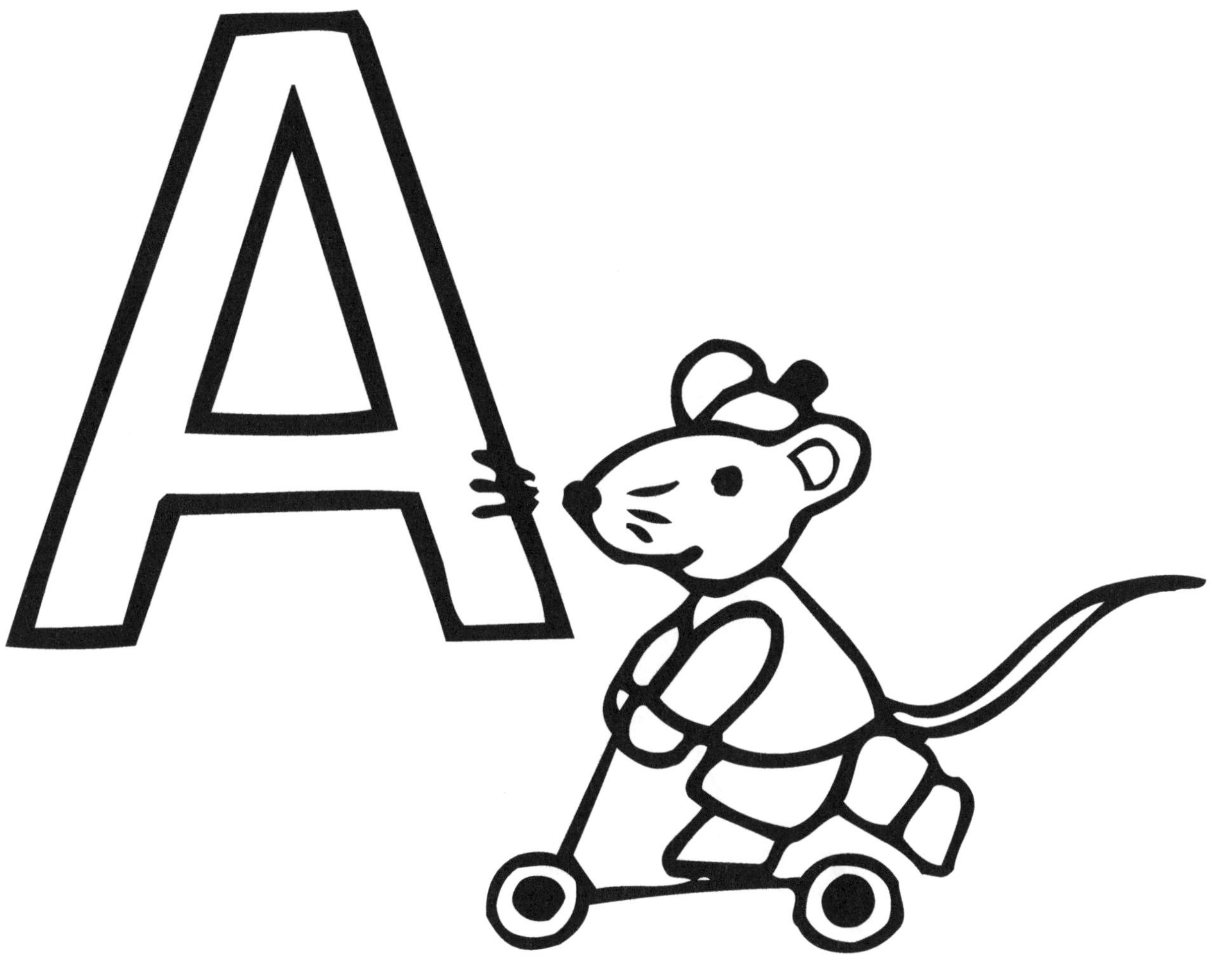

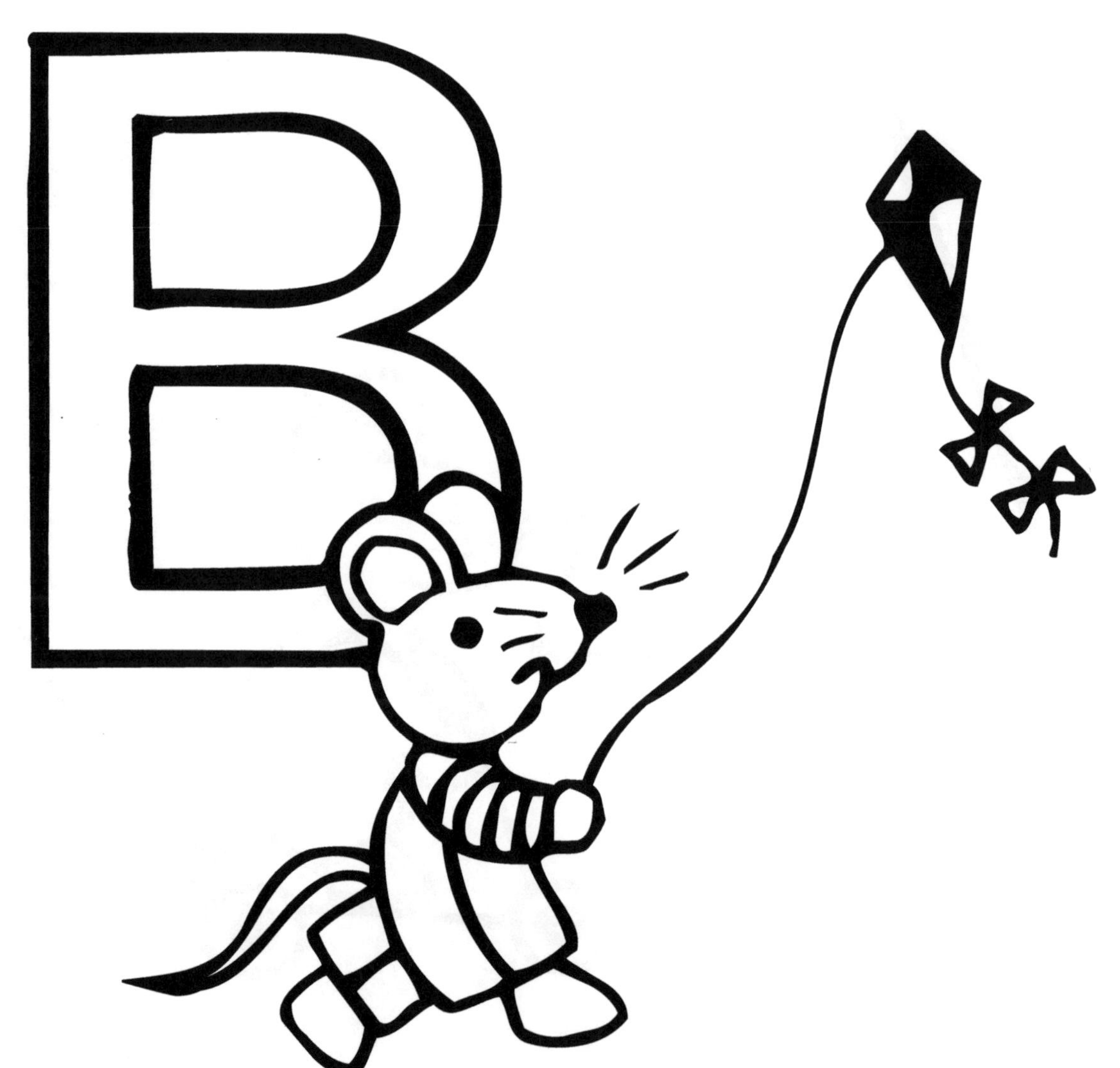

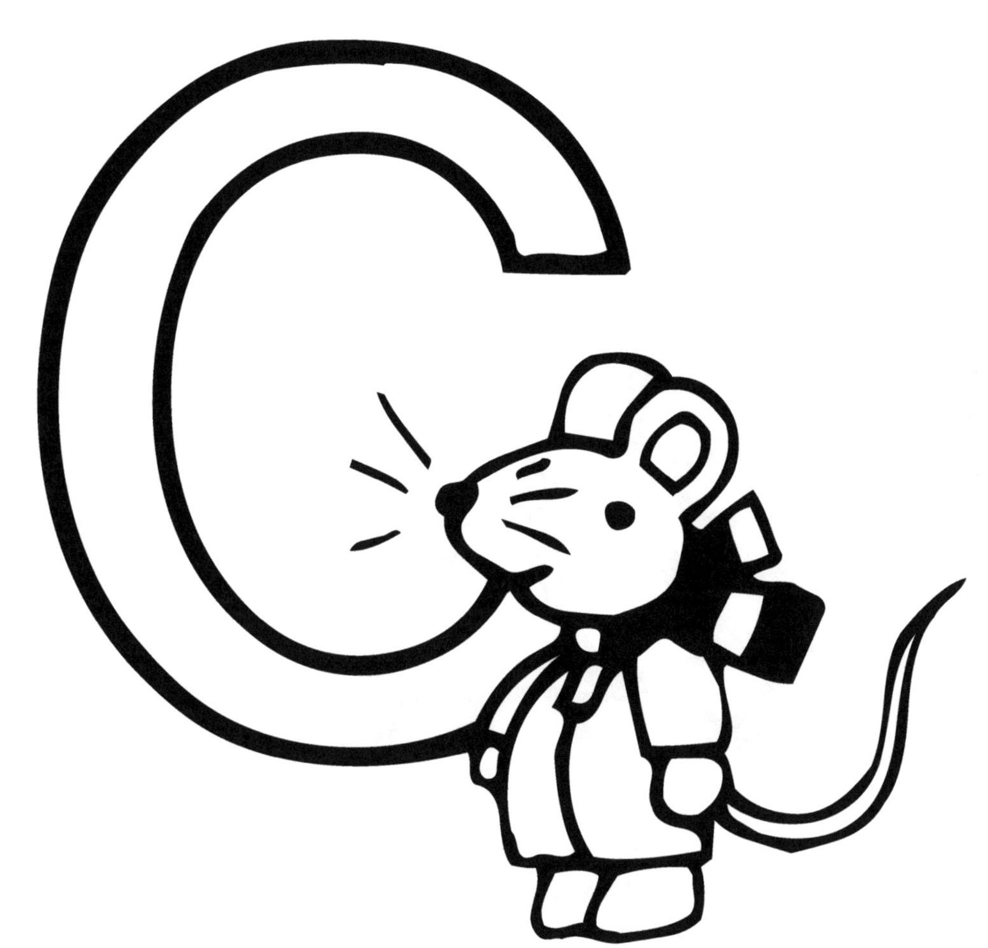

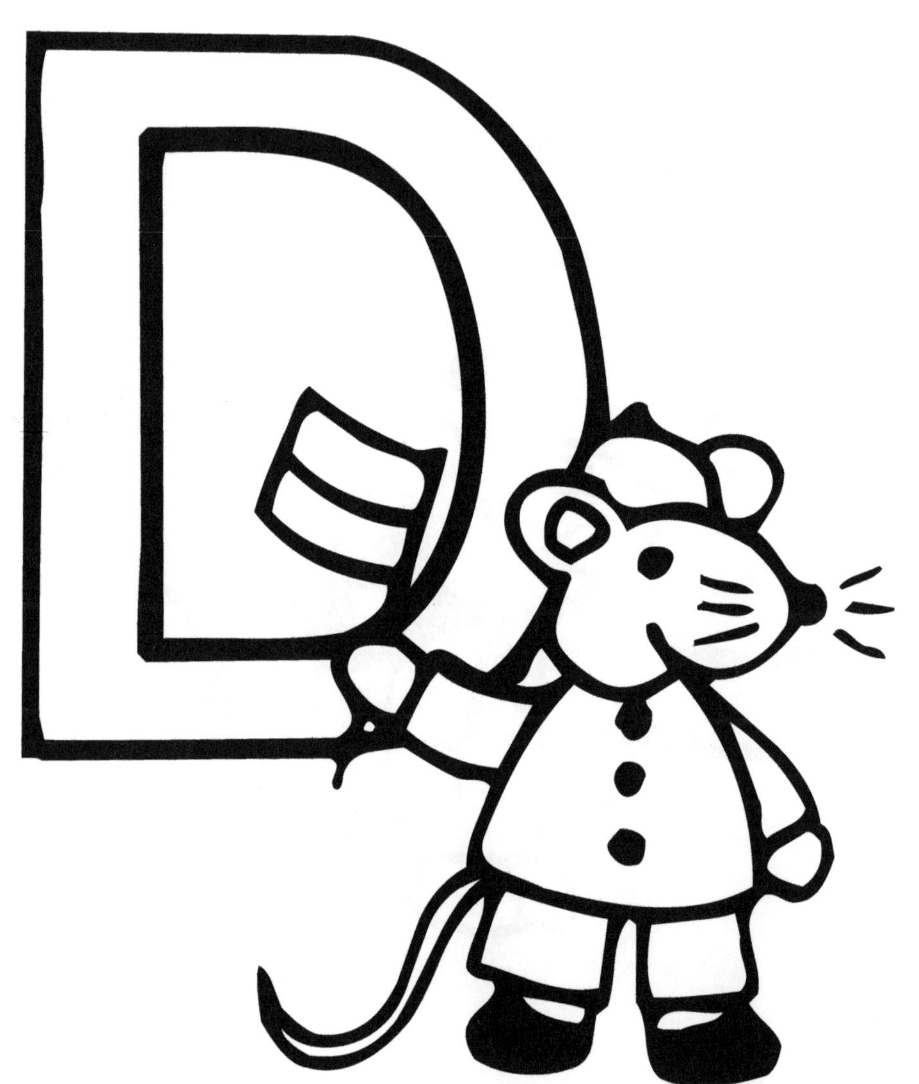

E

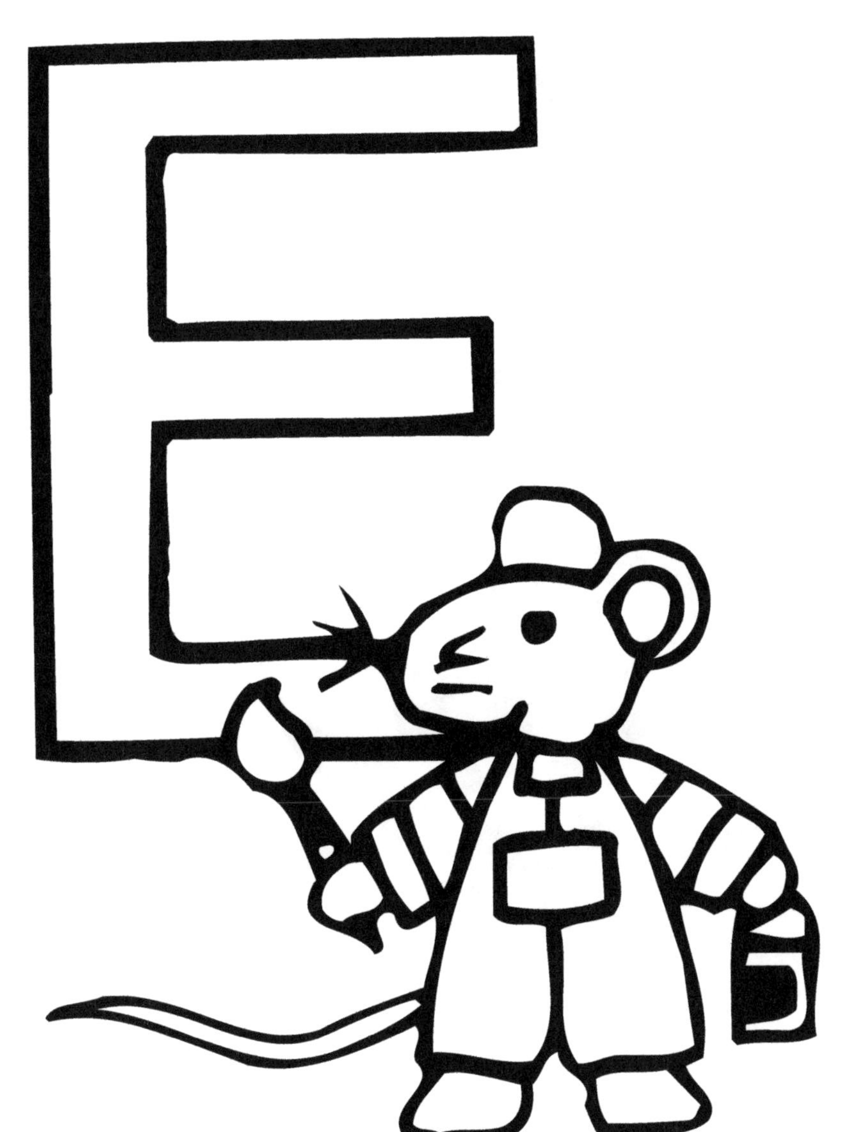

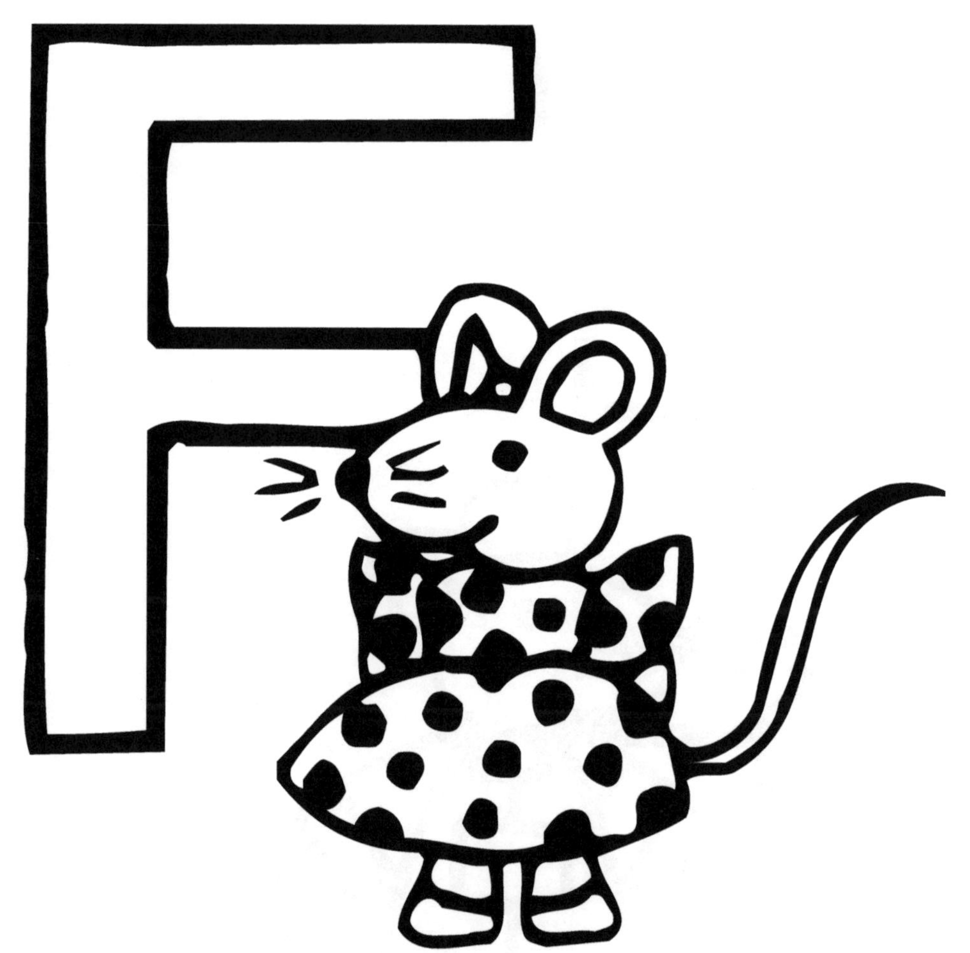

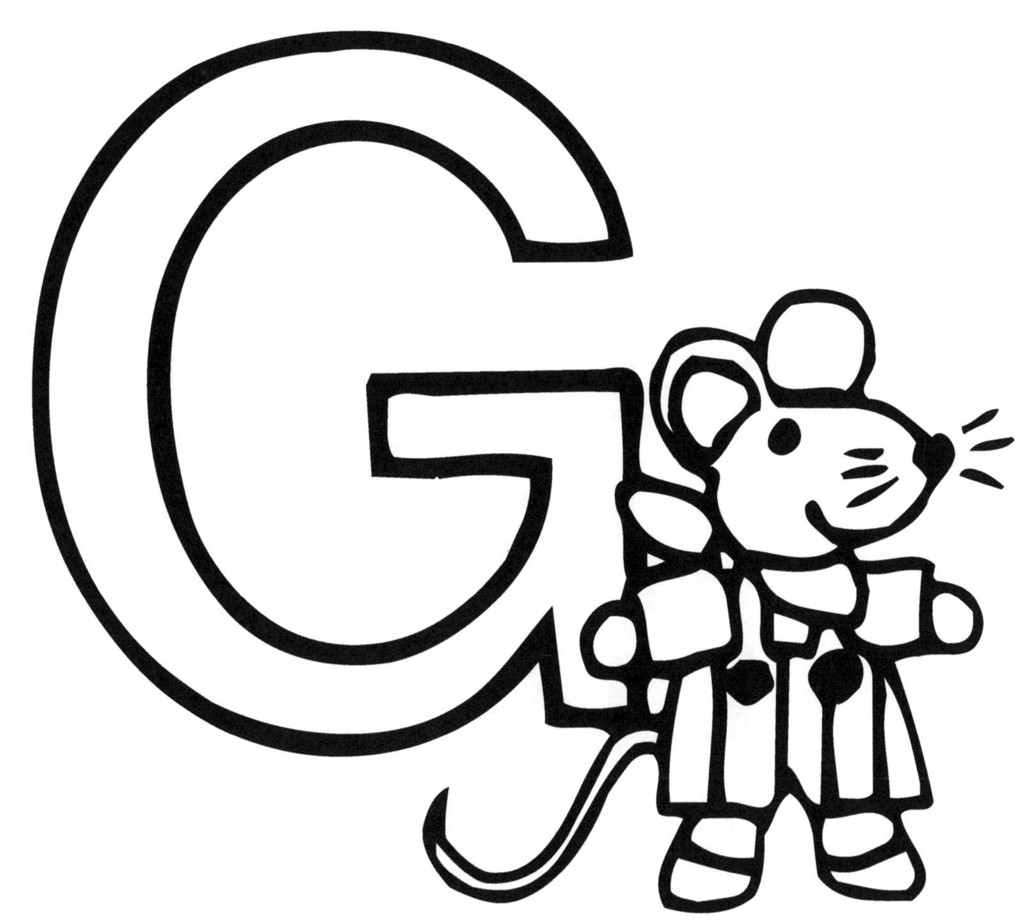

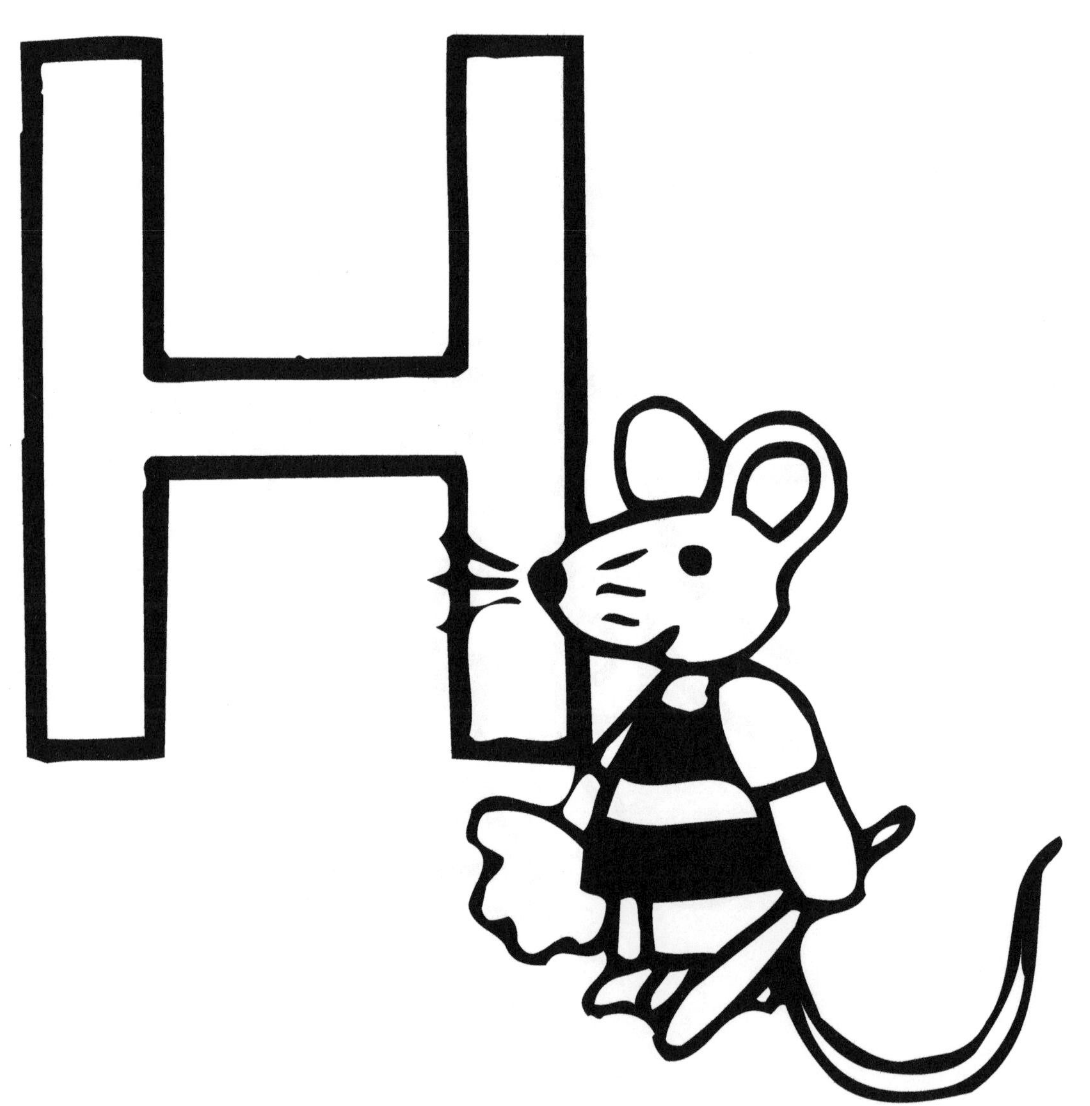

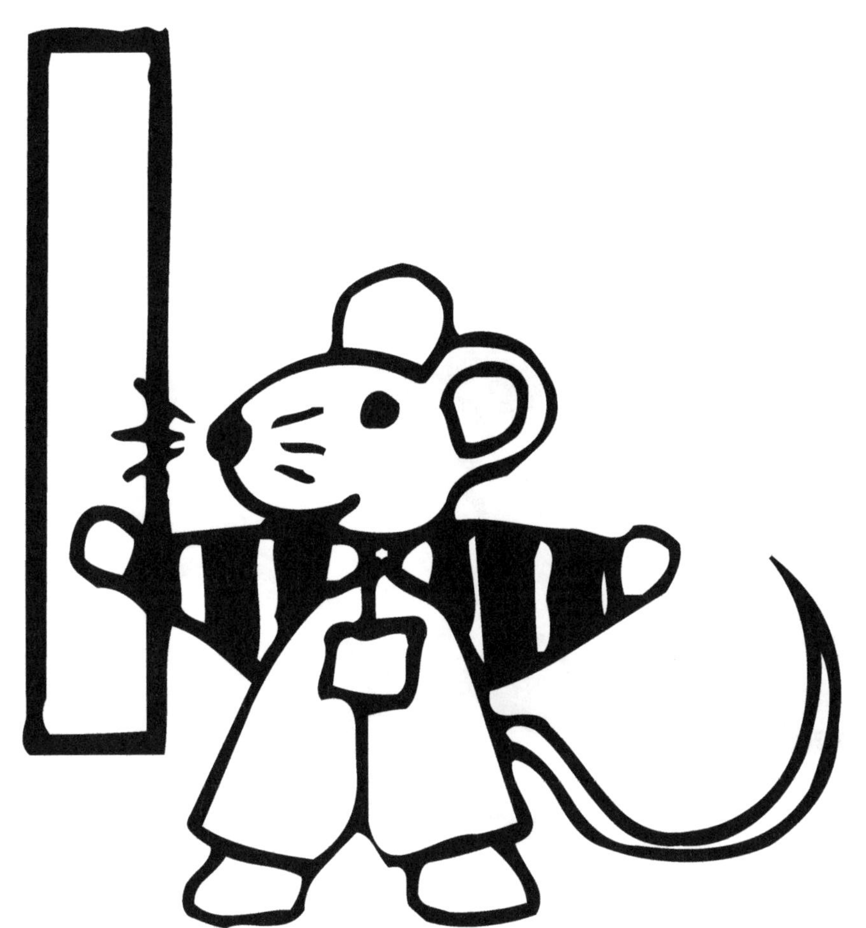

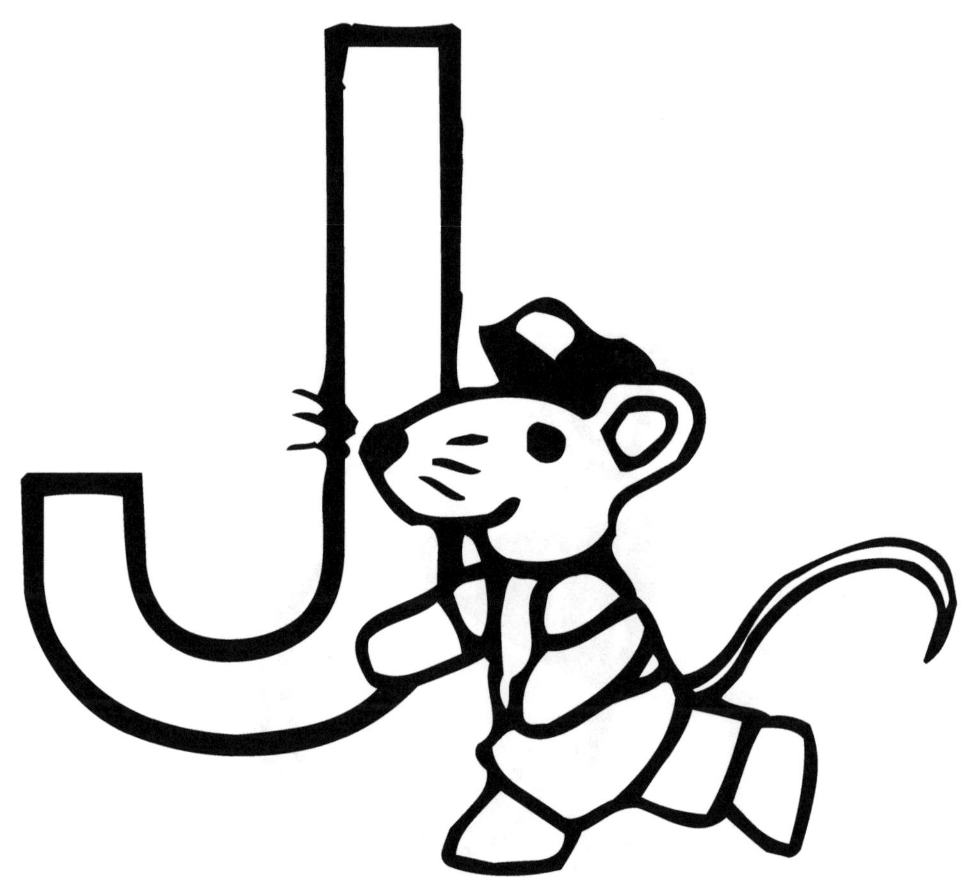

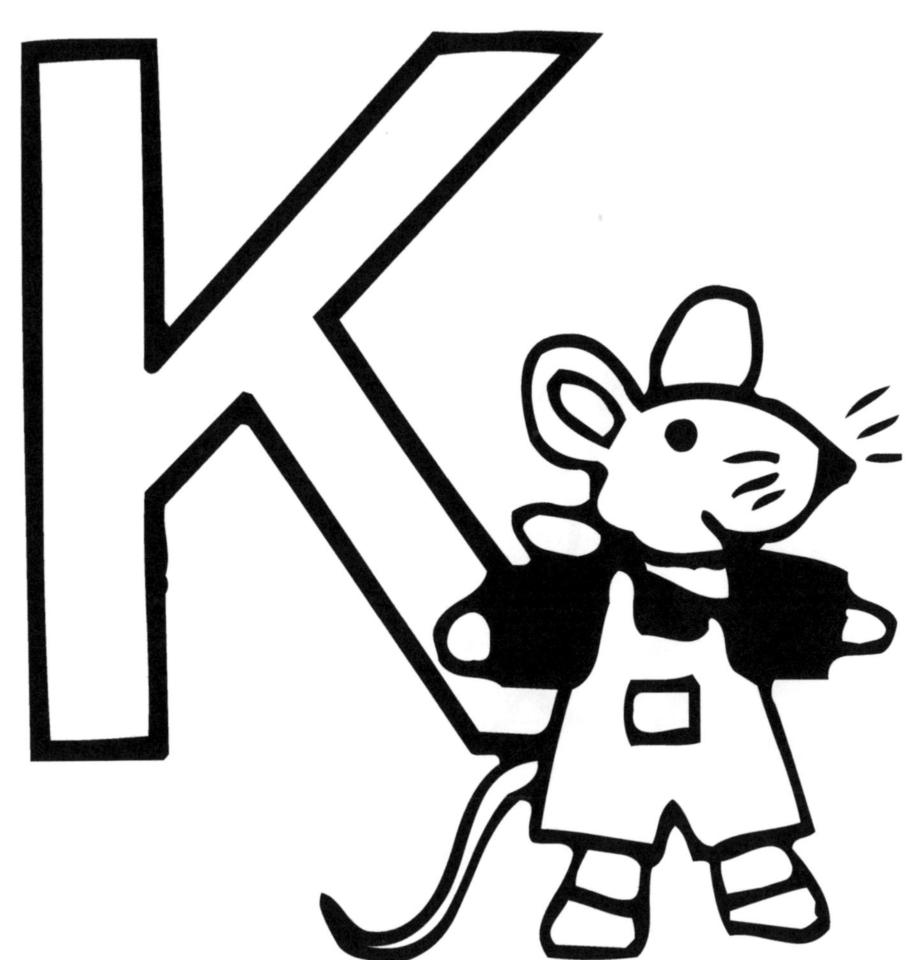

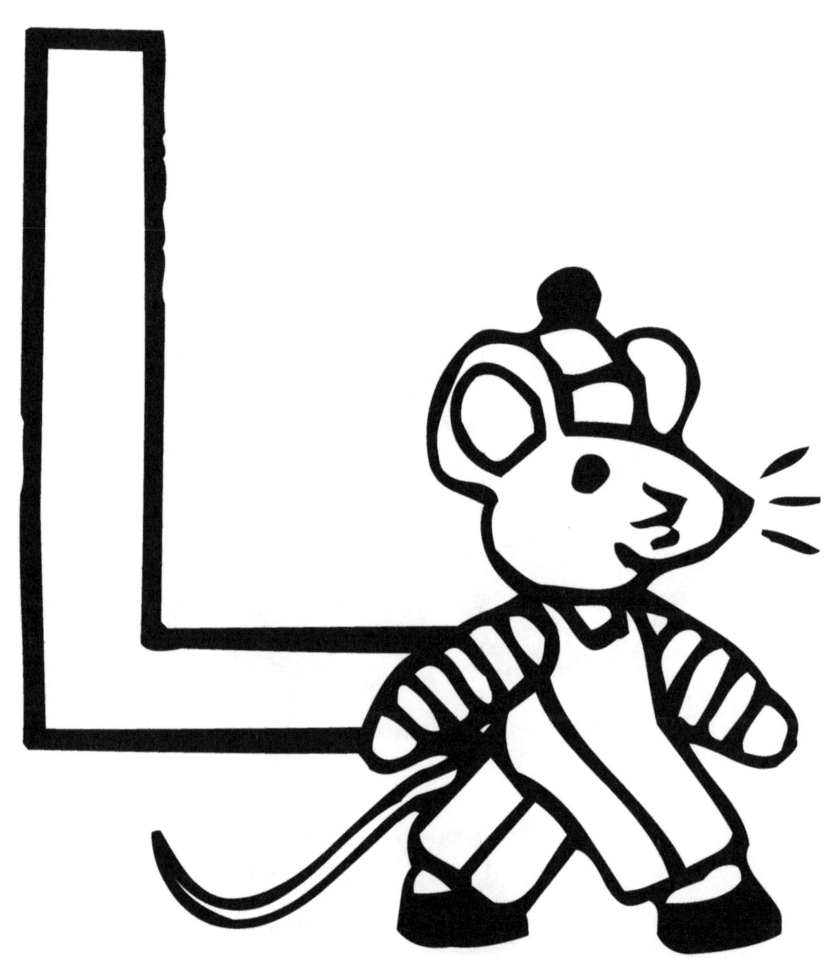

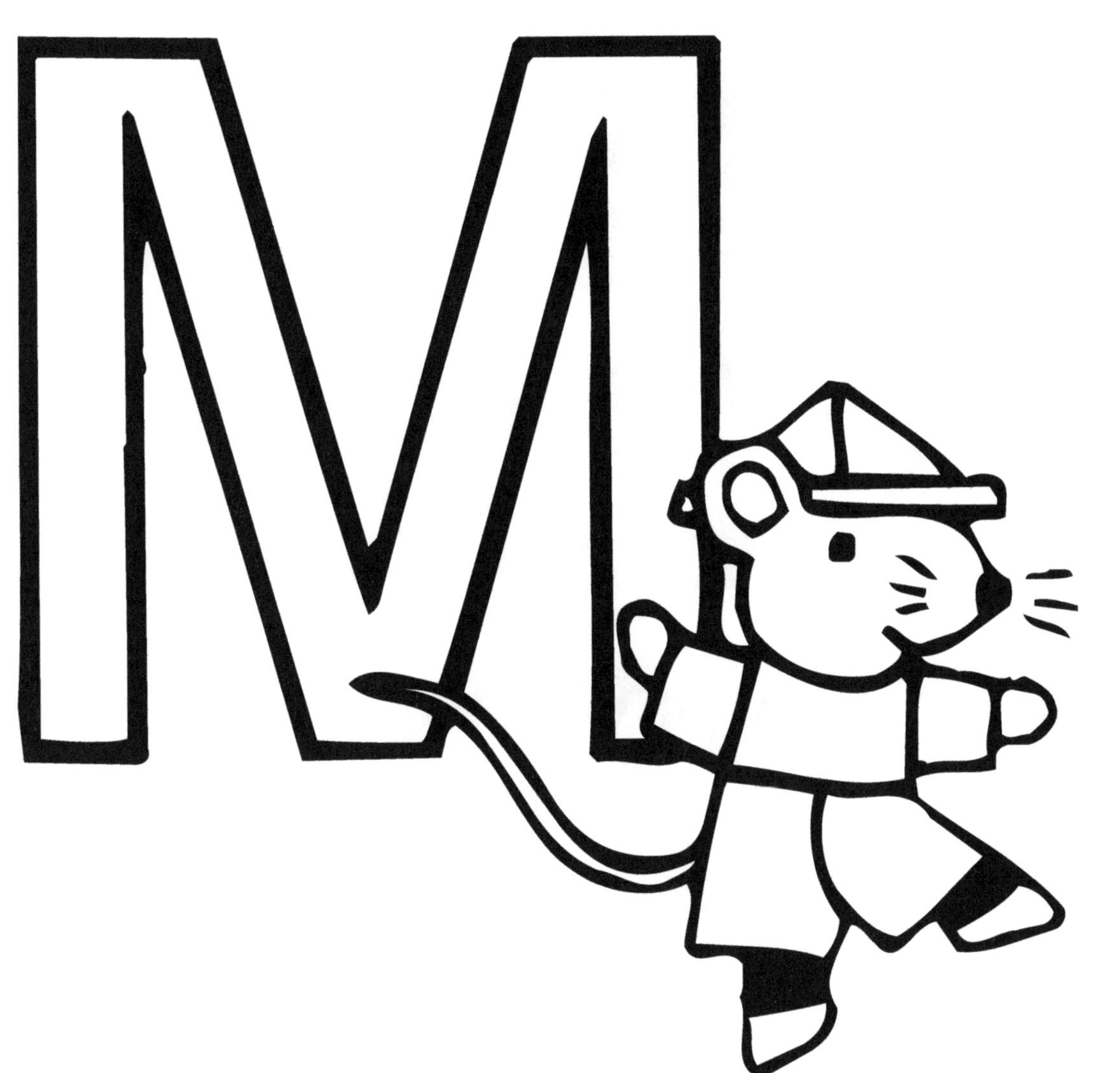

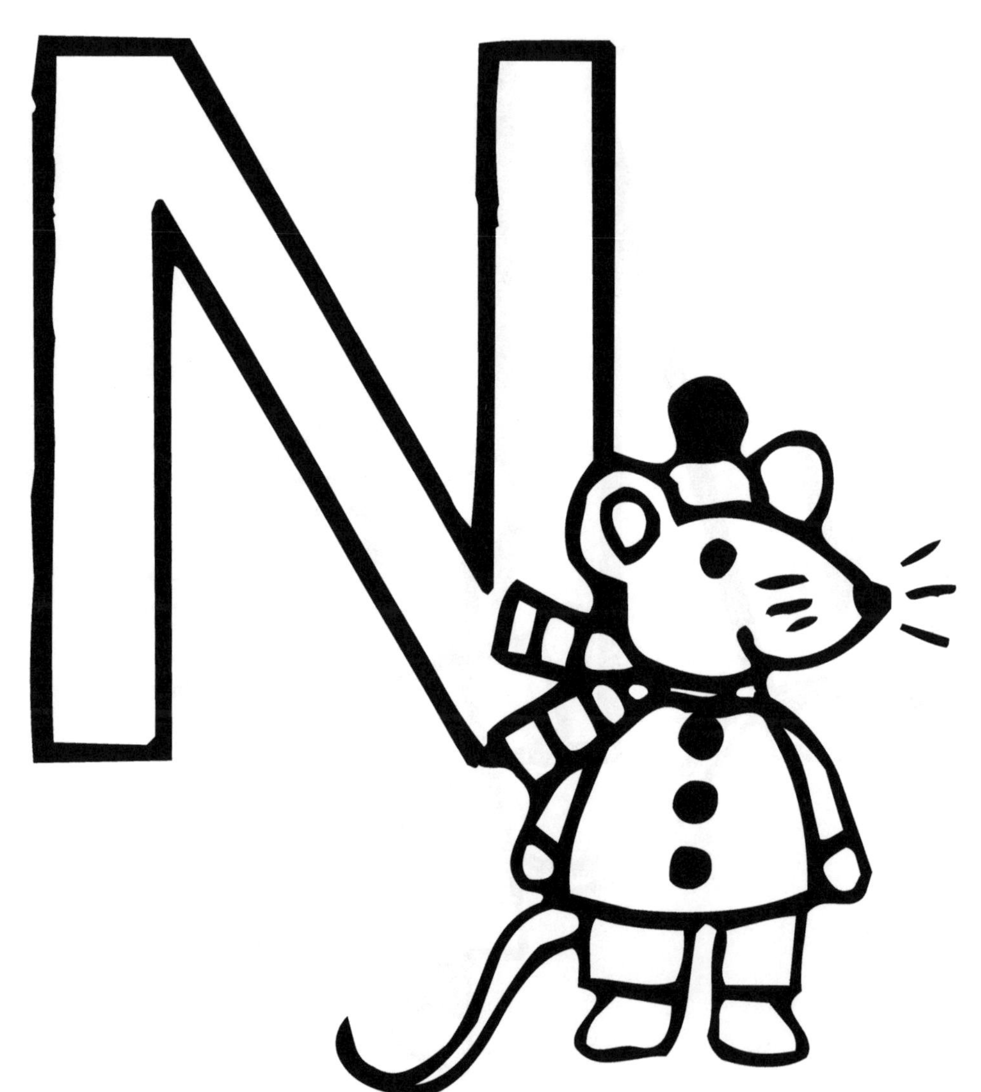

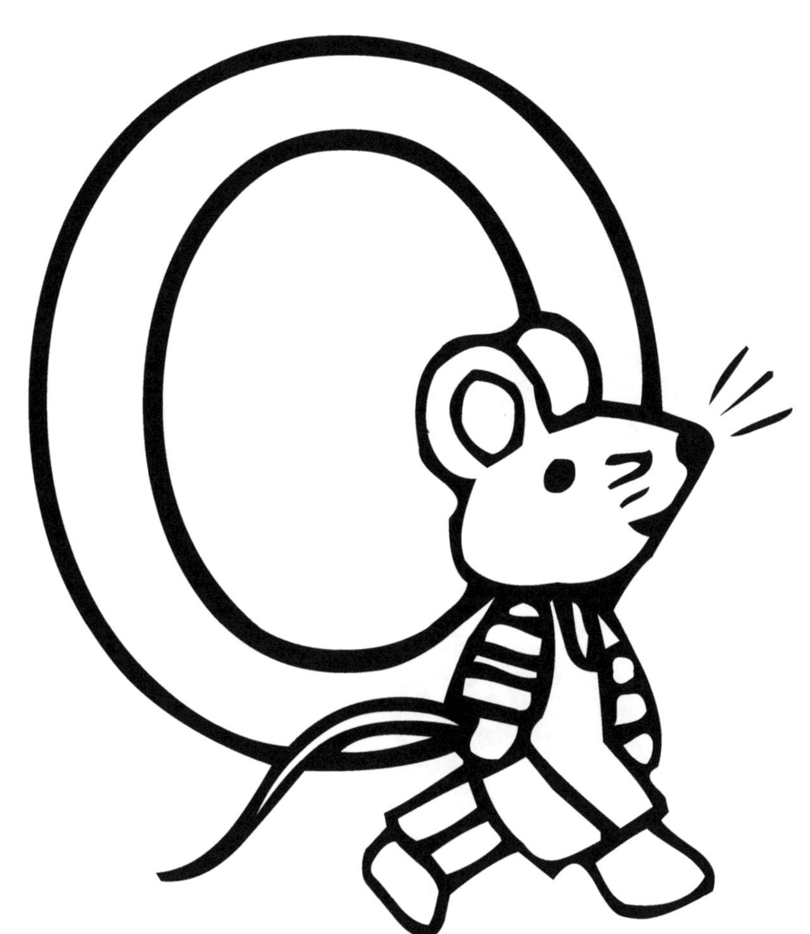

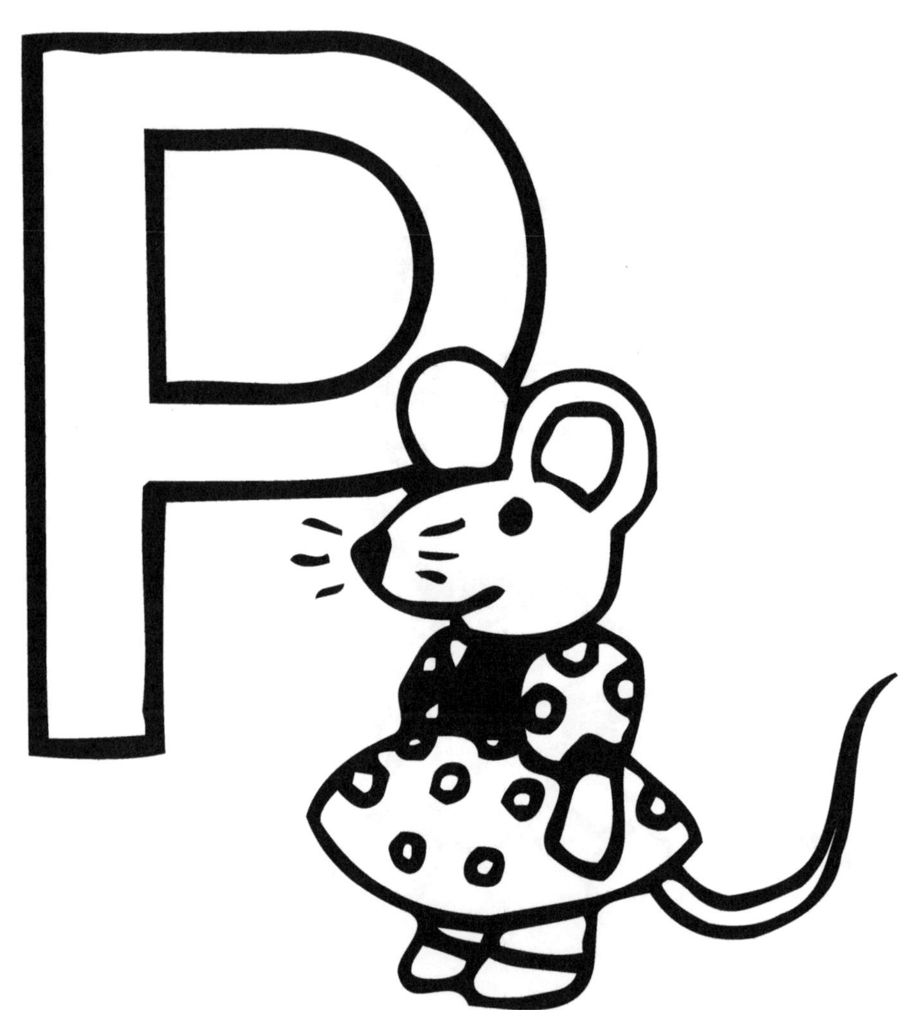

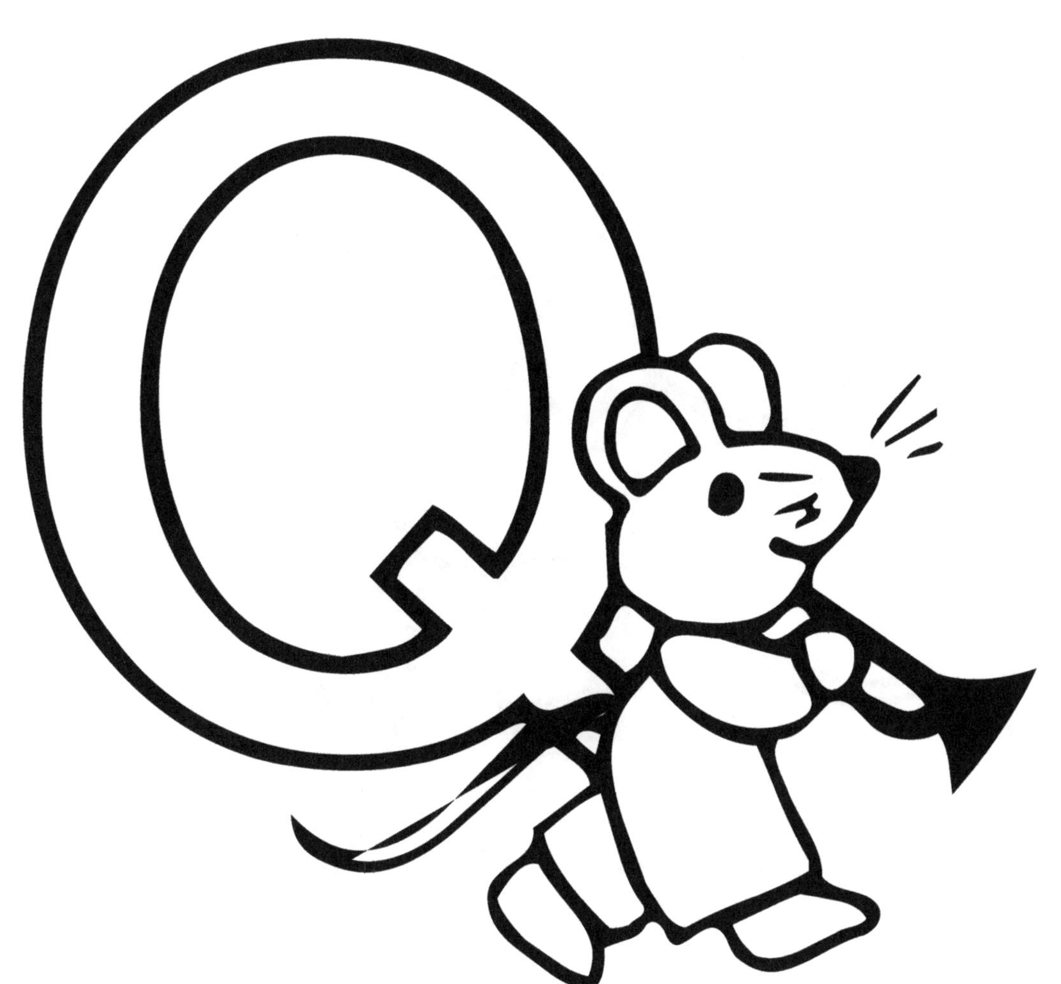

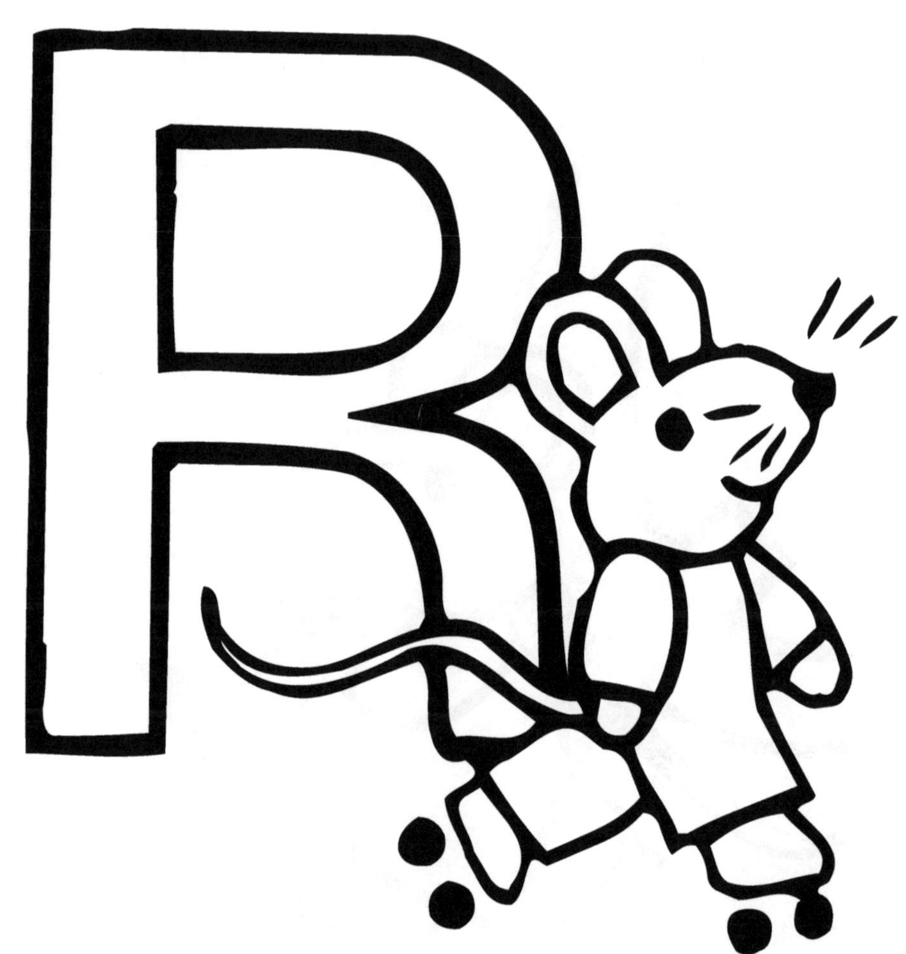

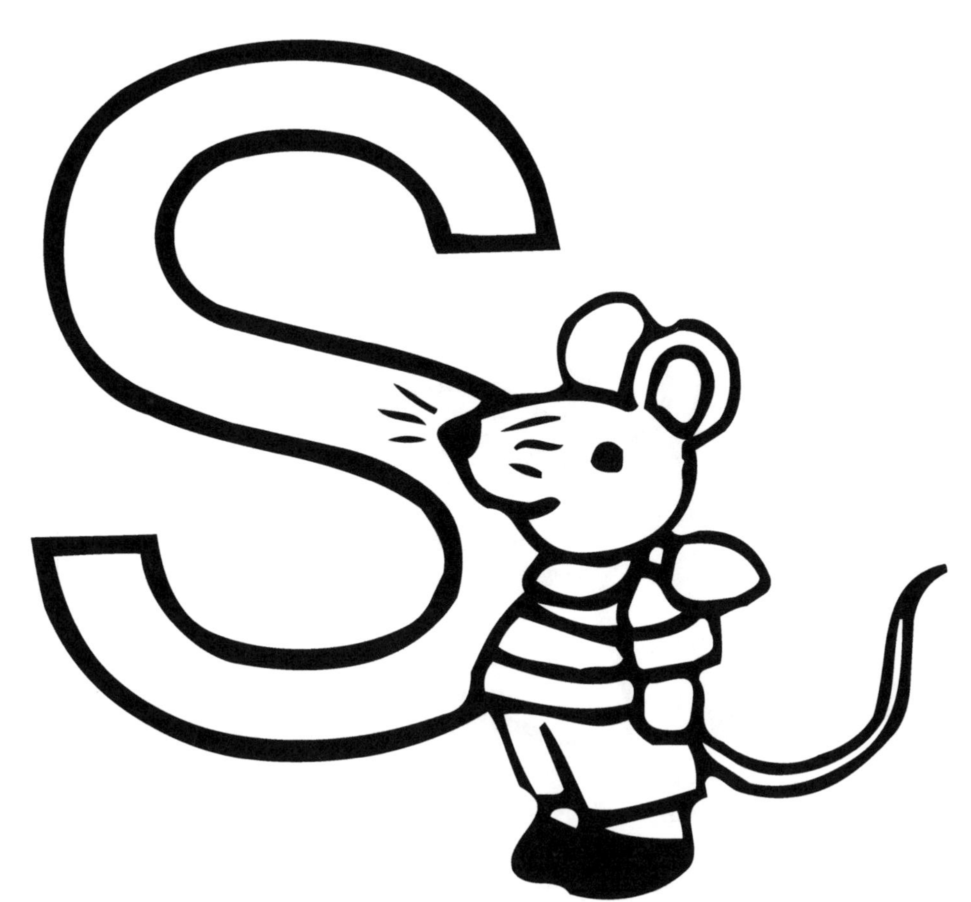

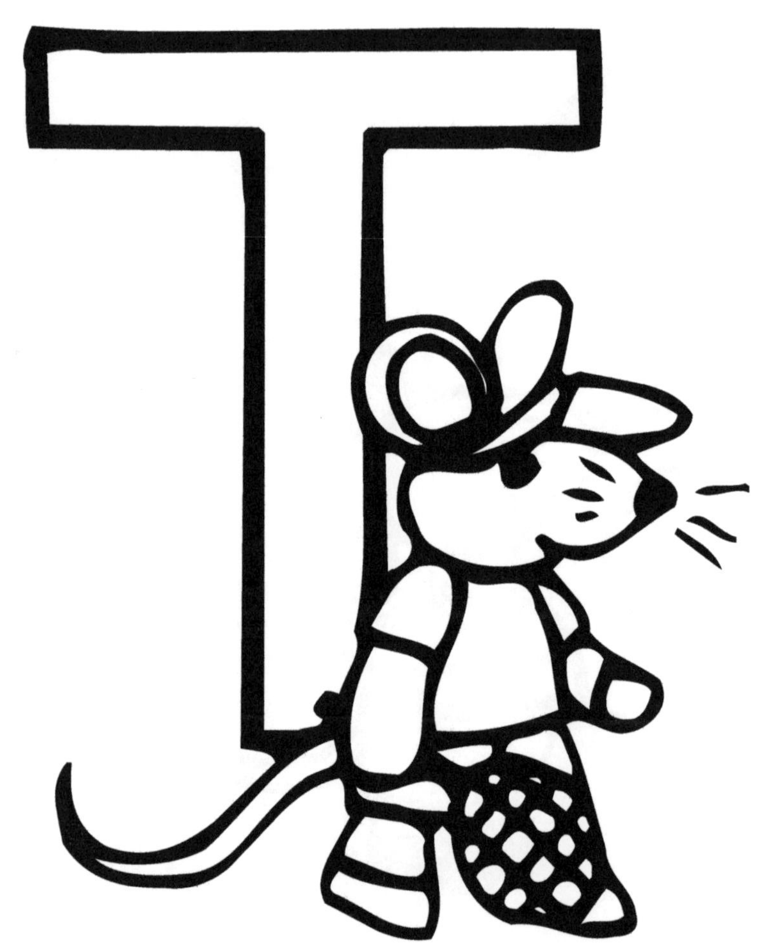

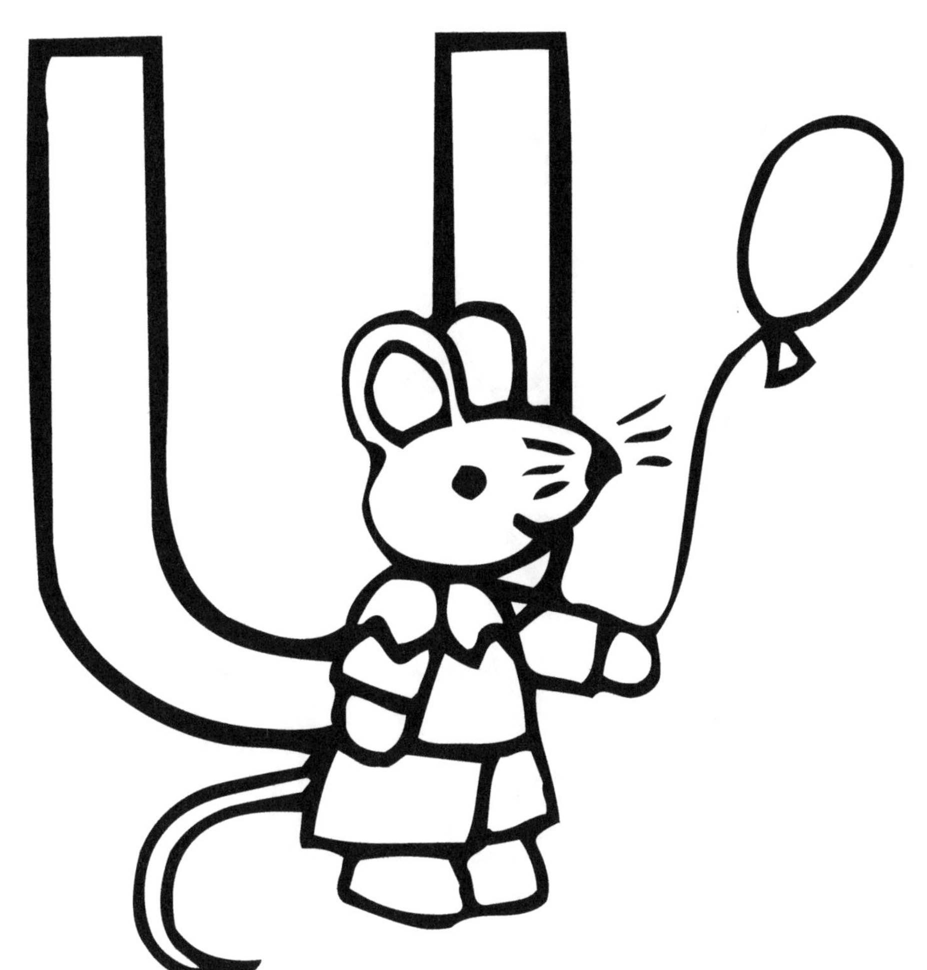

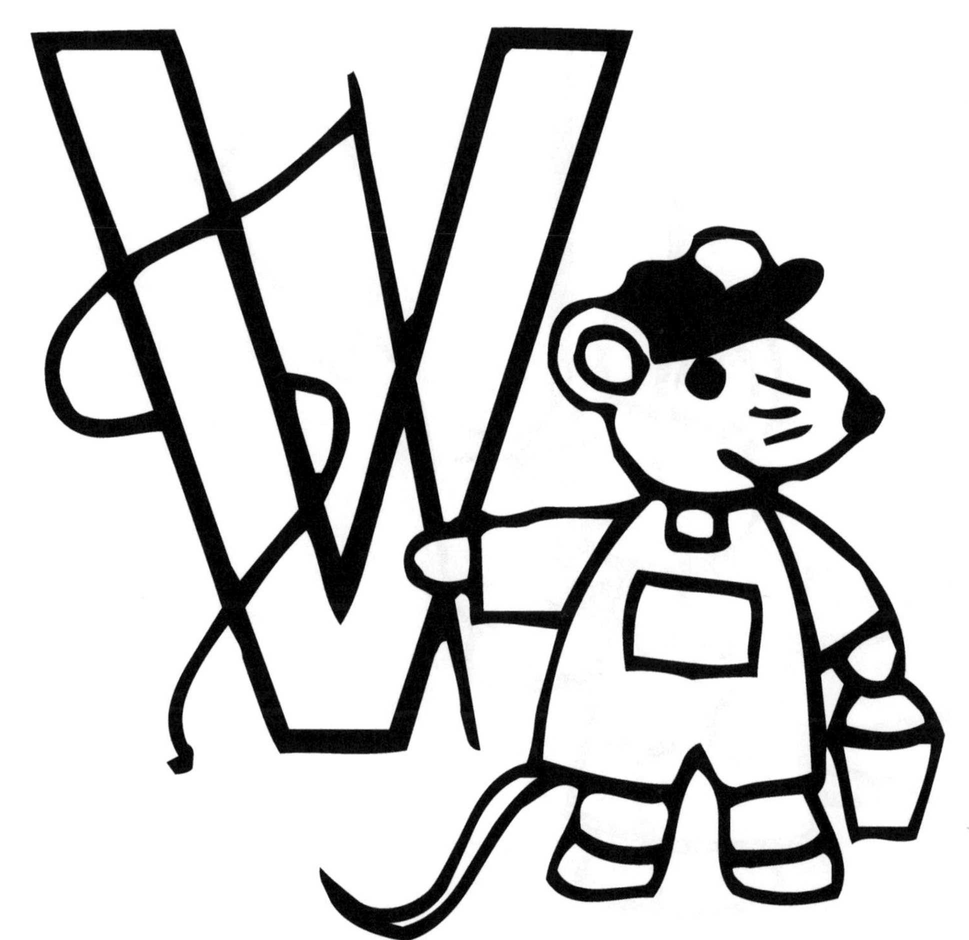

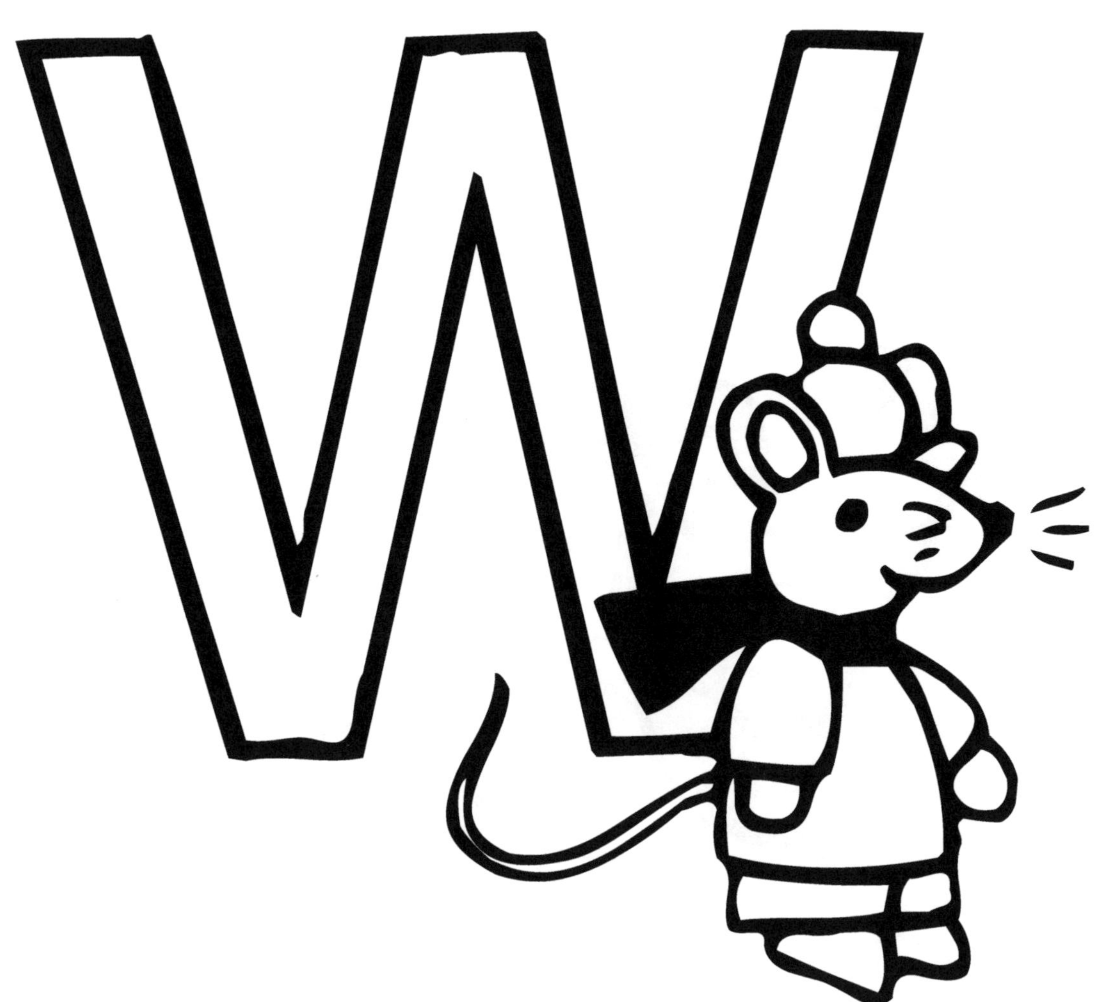

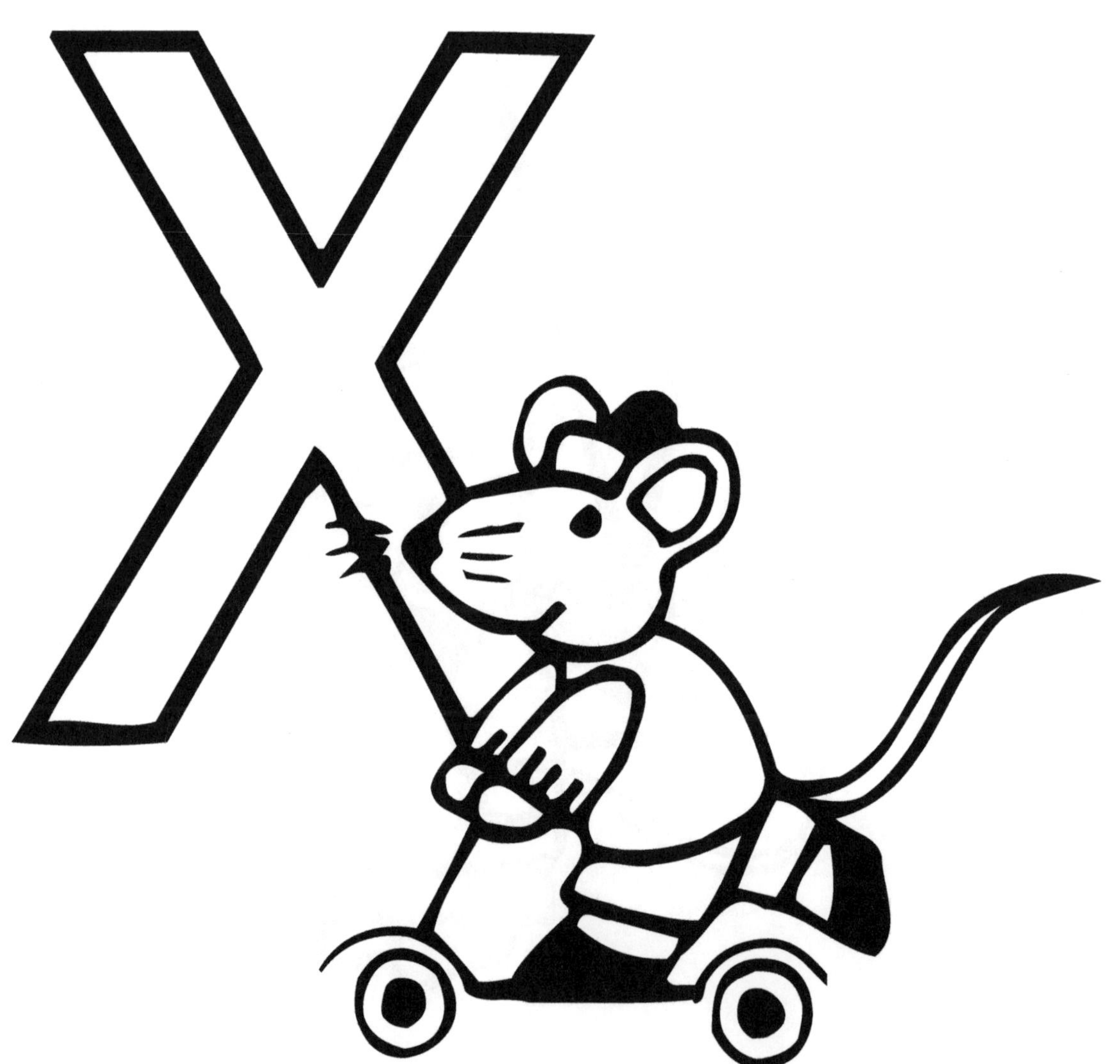

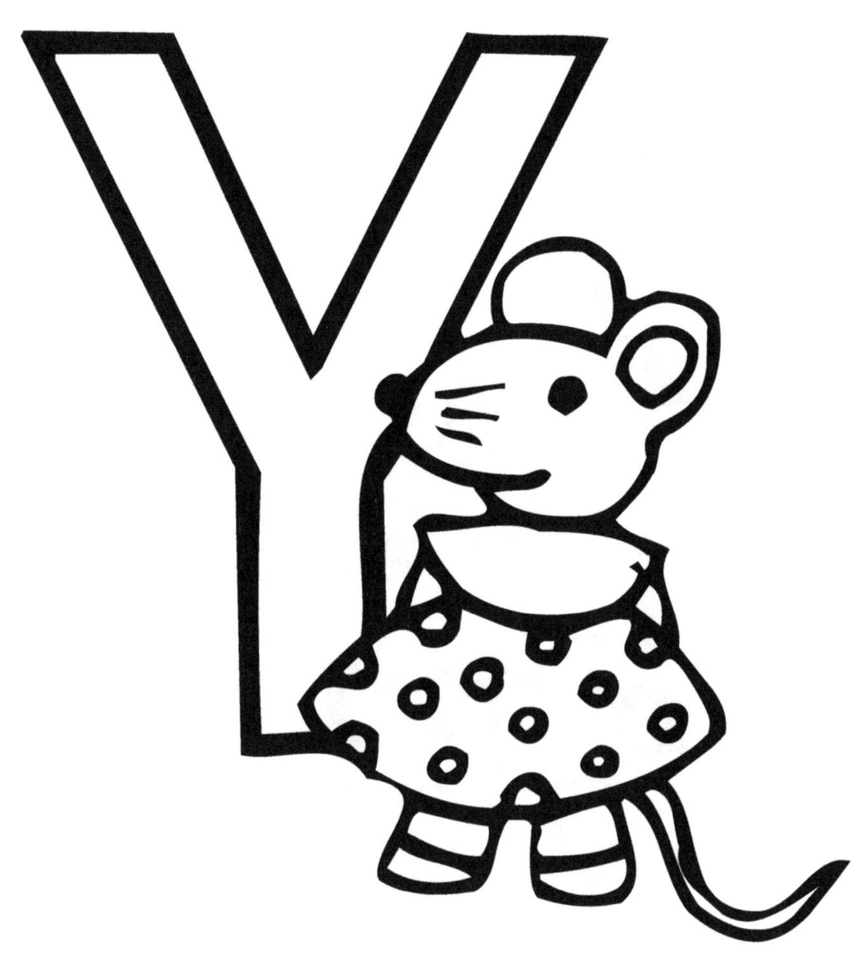

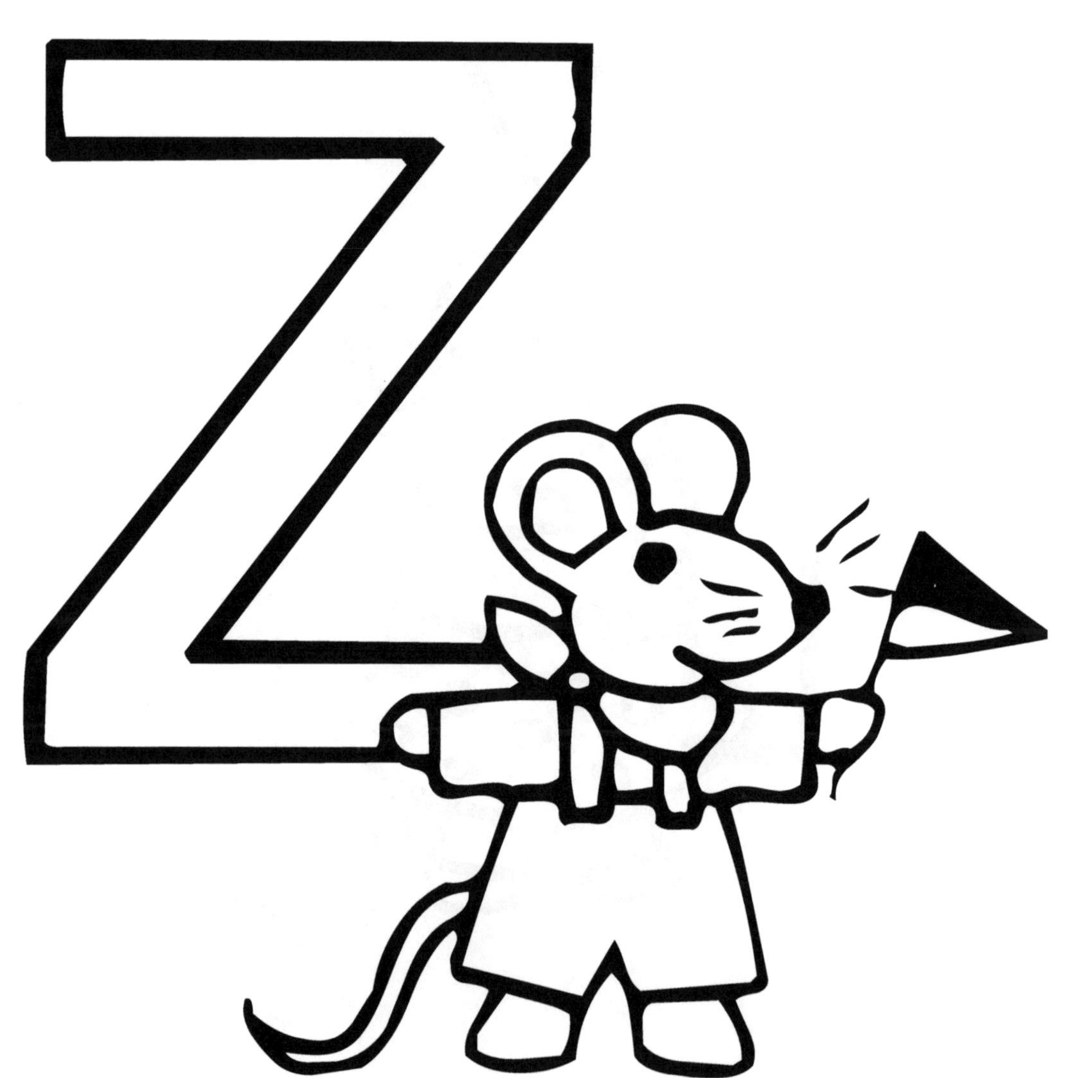

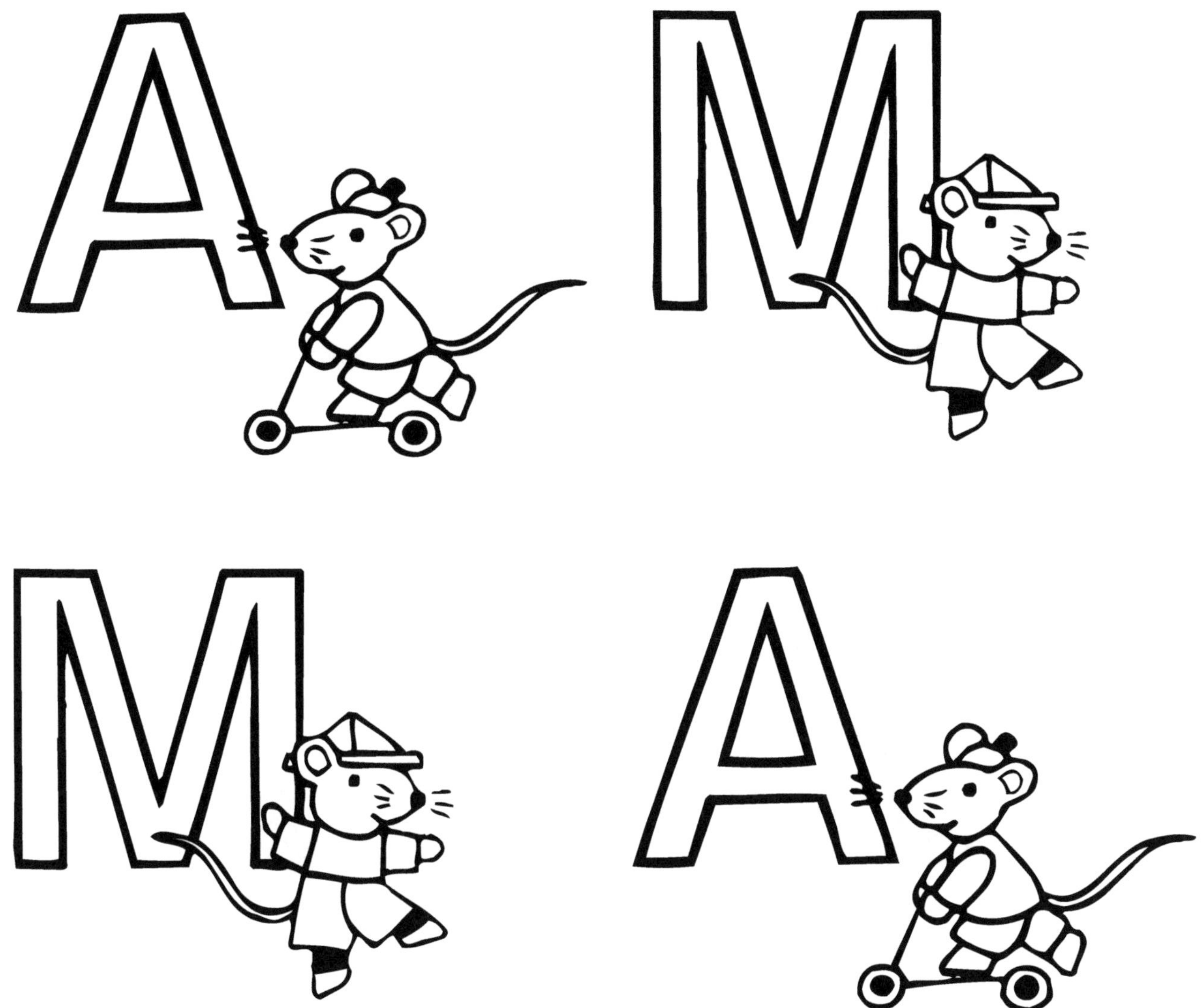

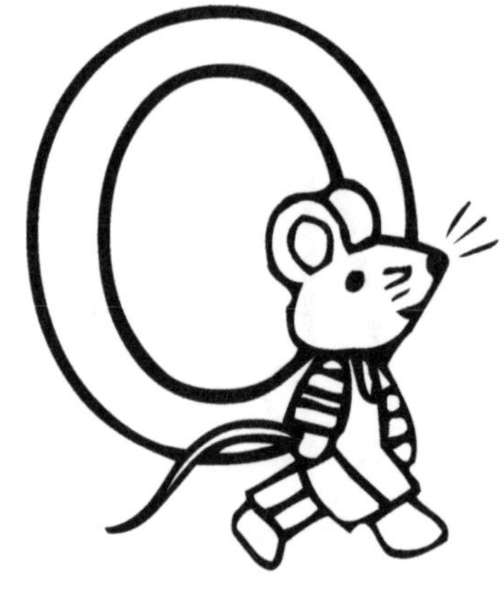
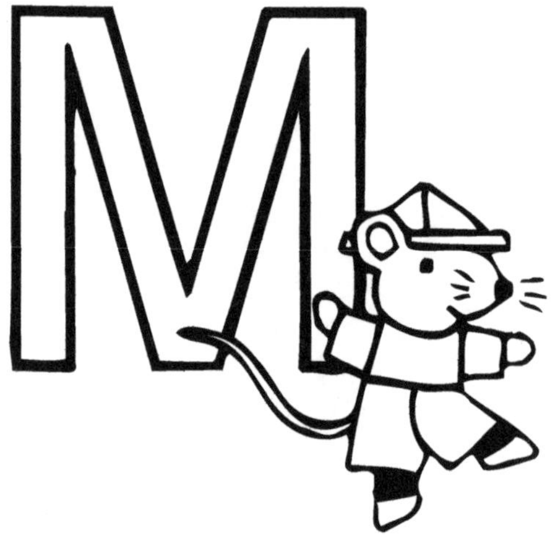
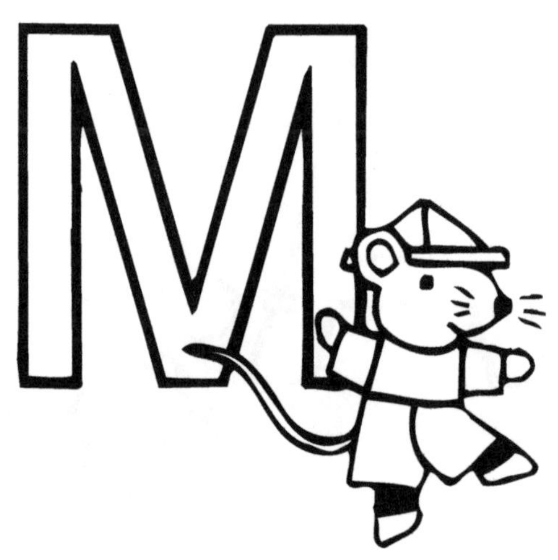
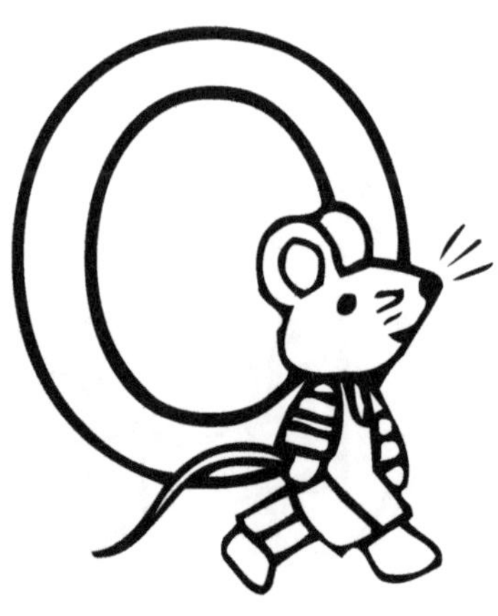

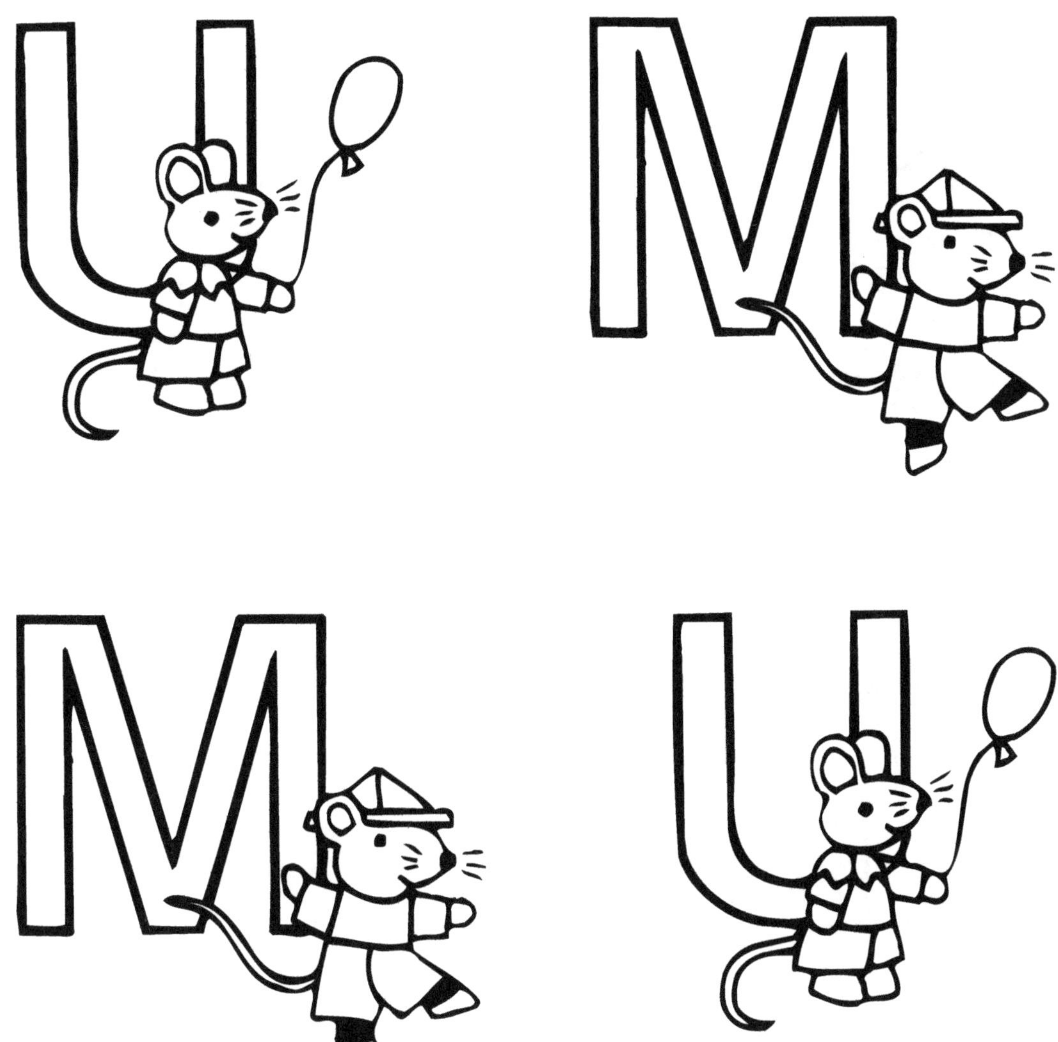

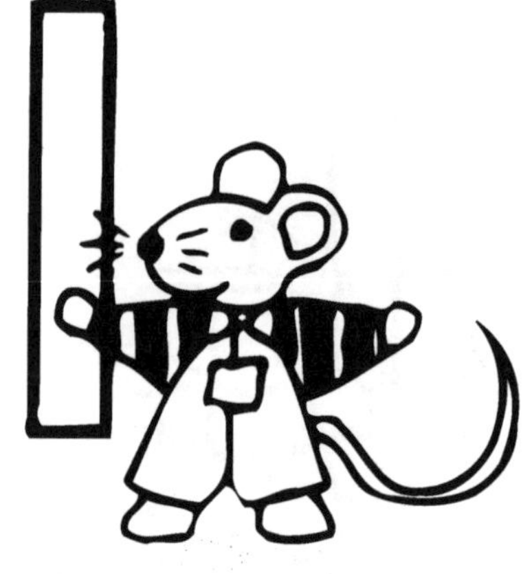

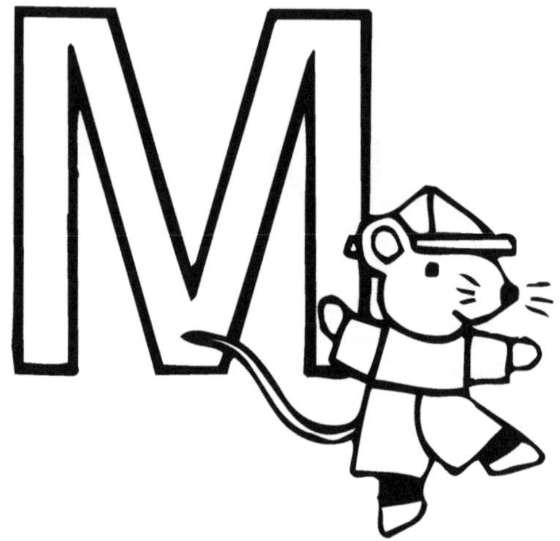

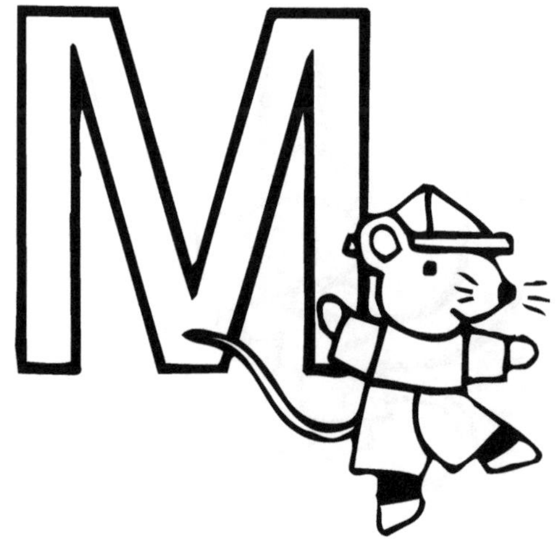

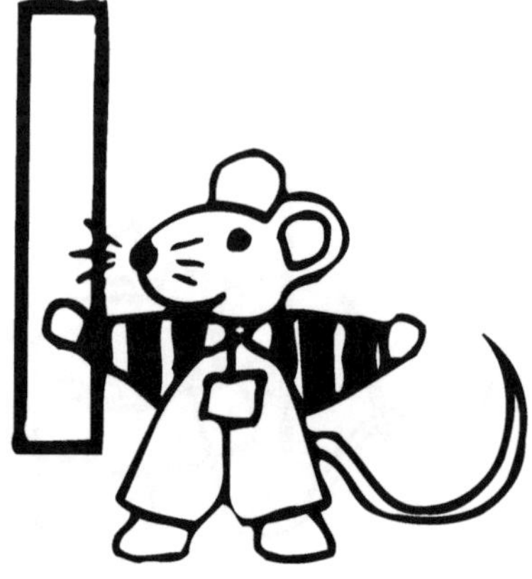

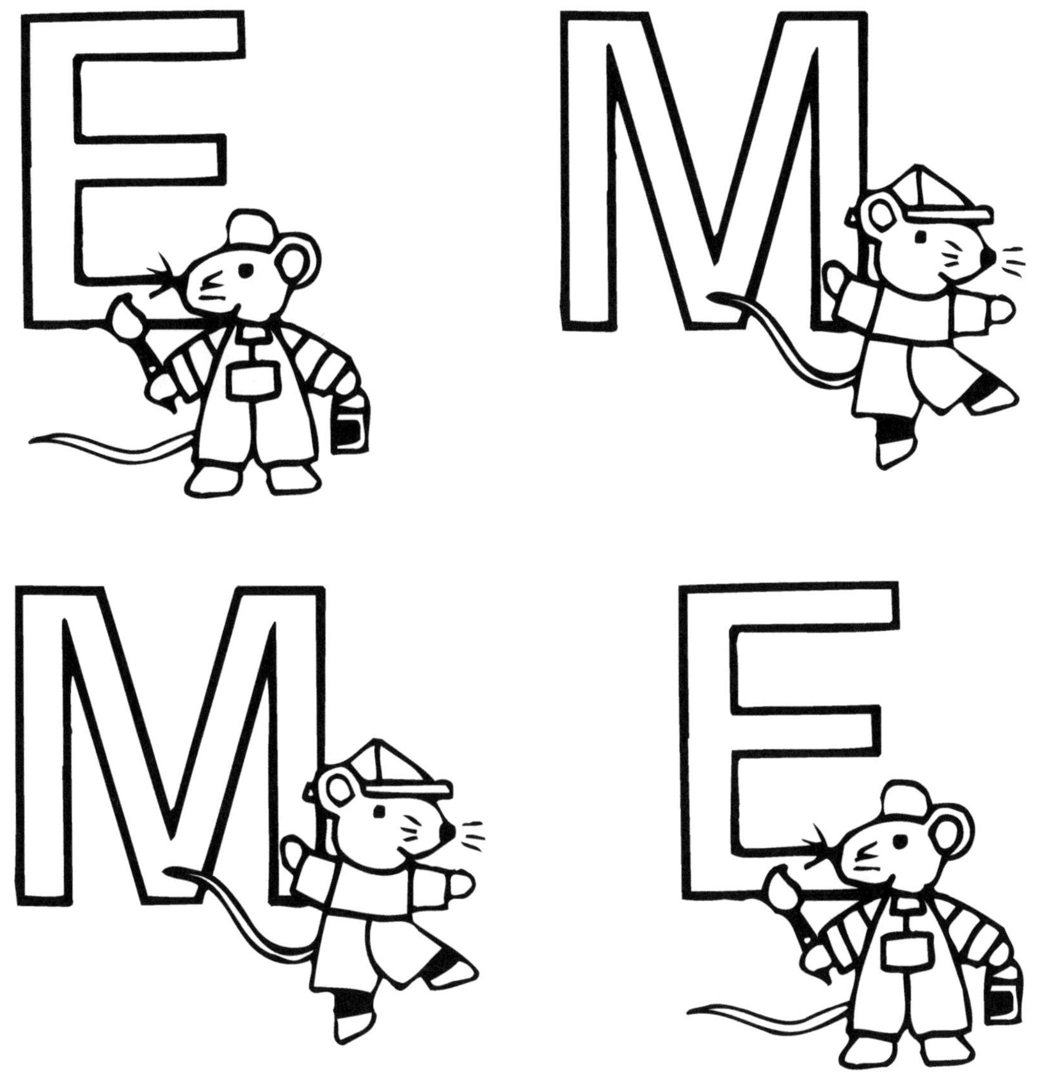

E
M
M
E

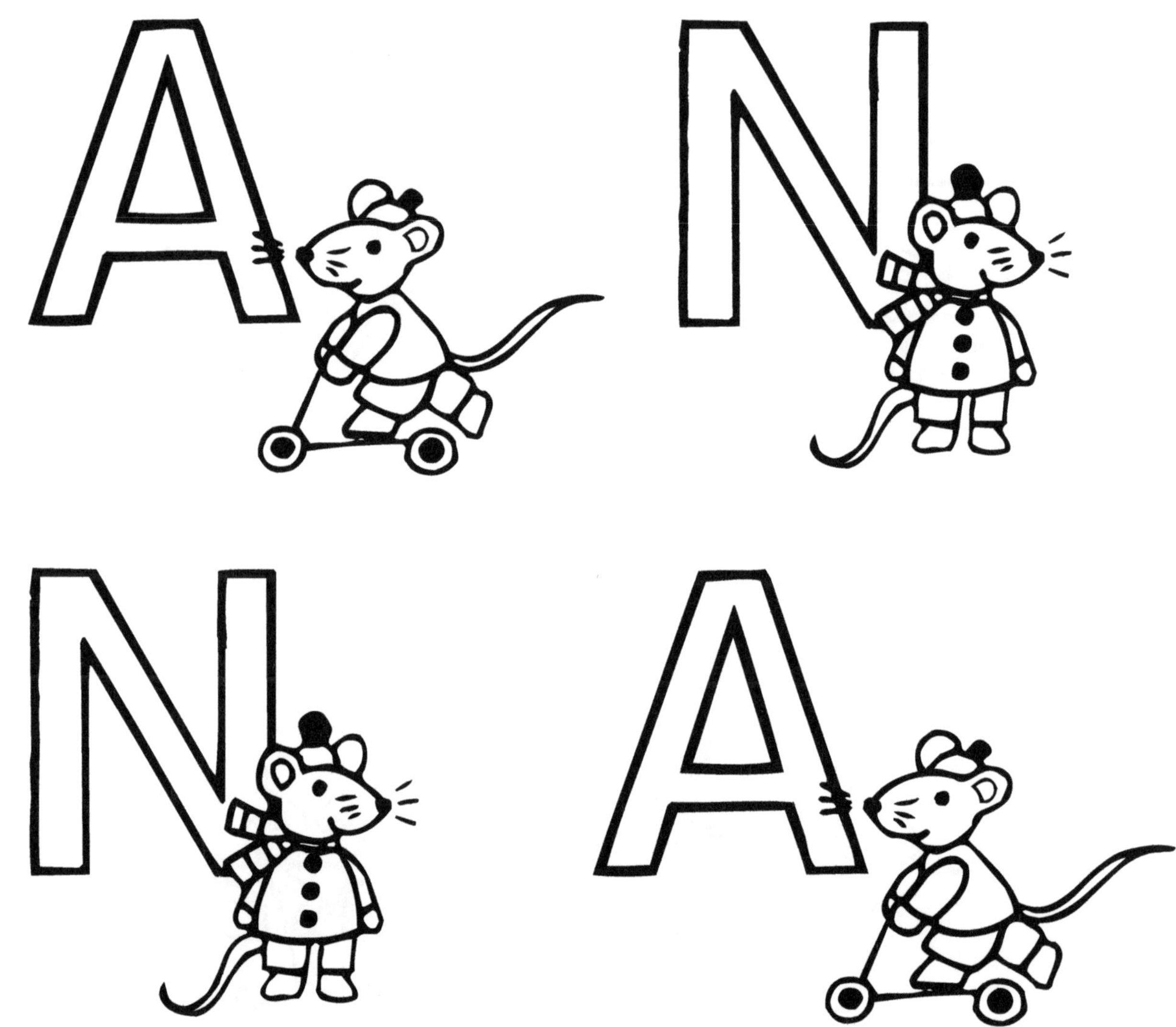

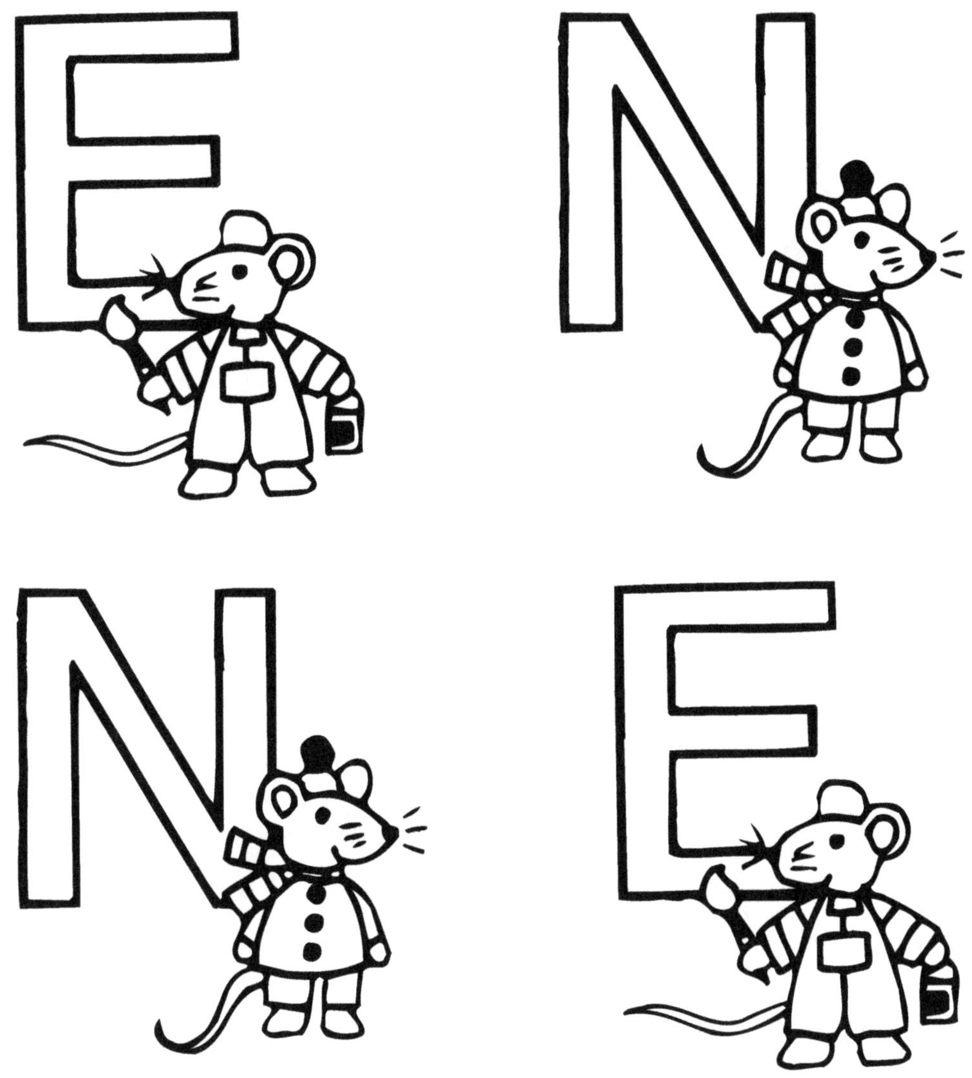

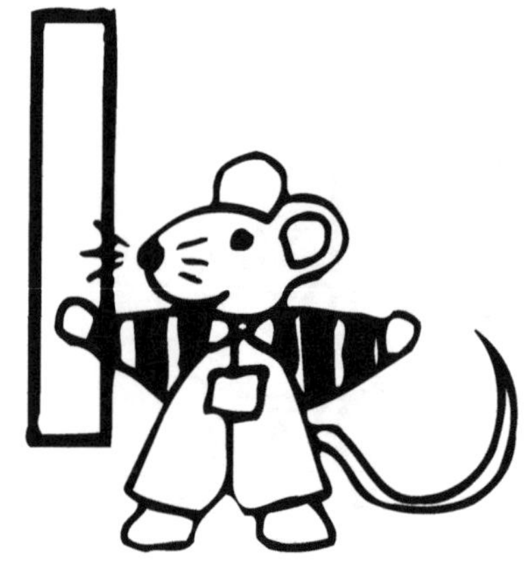

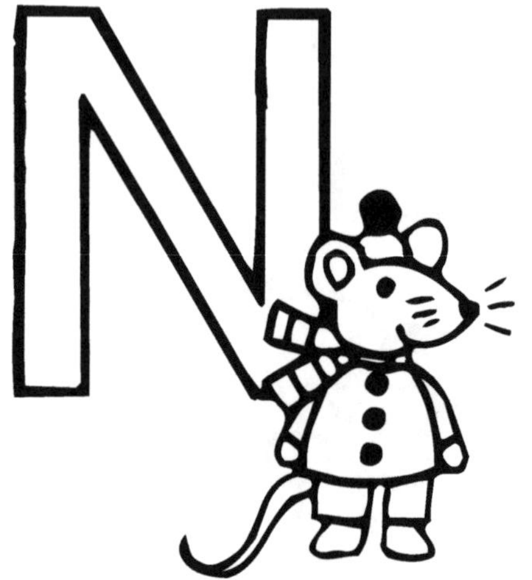

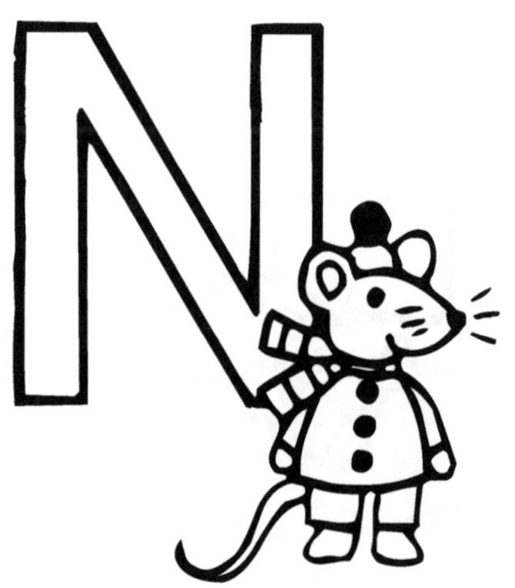

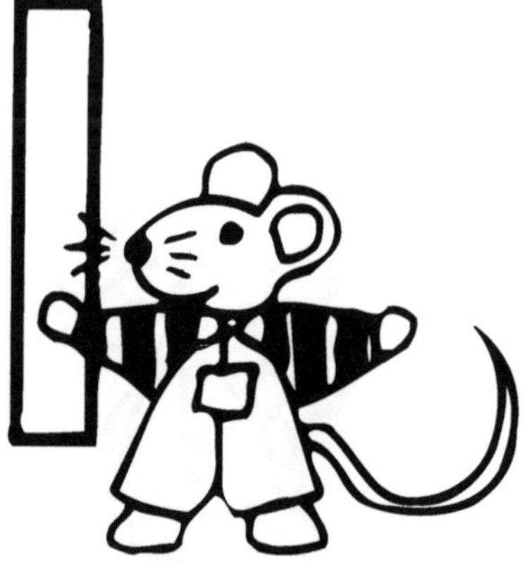

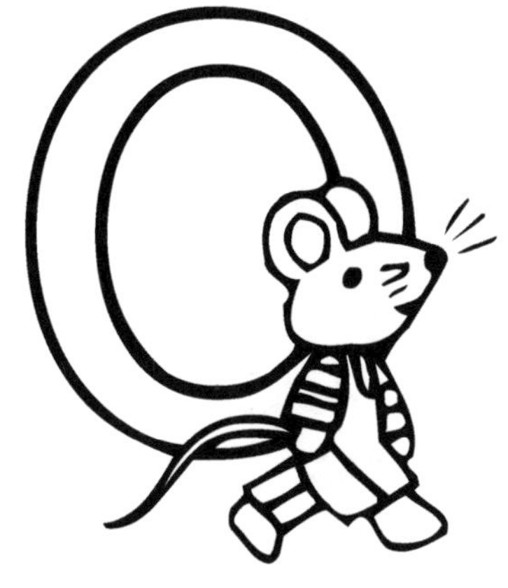

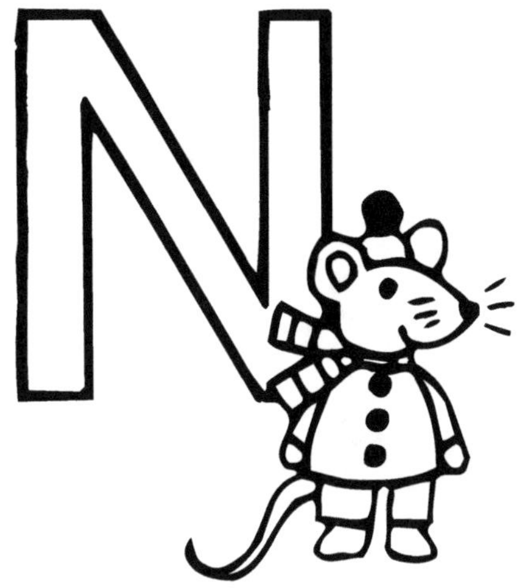

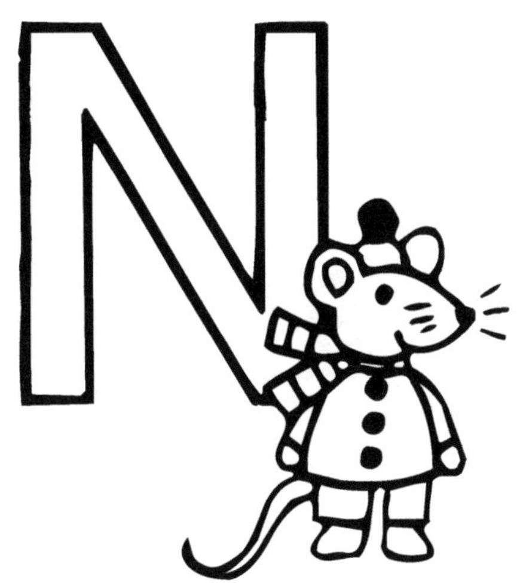

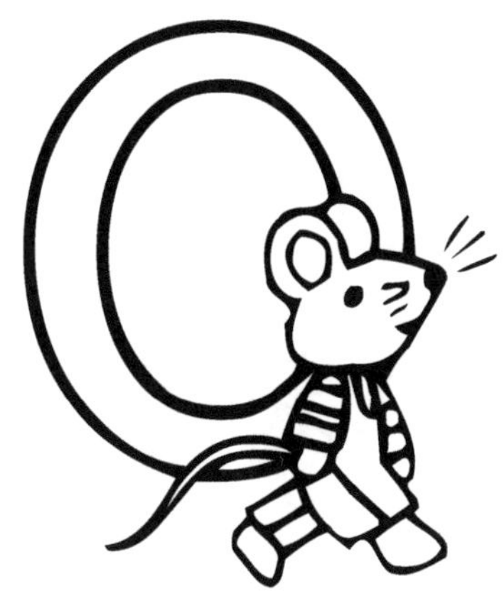

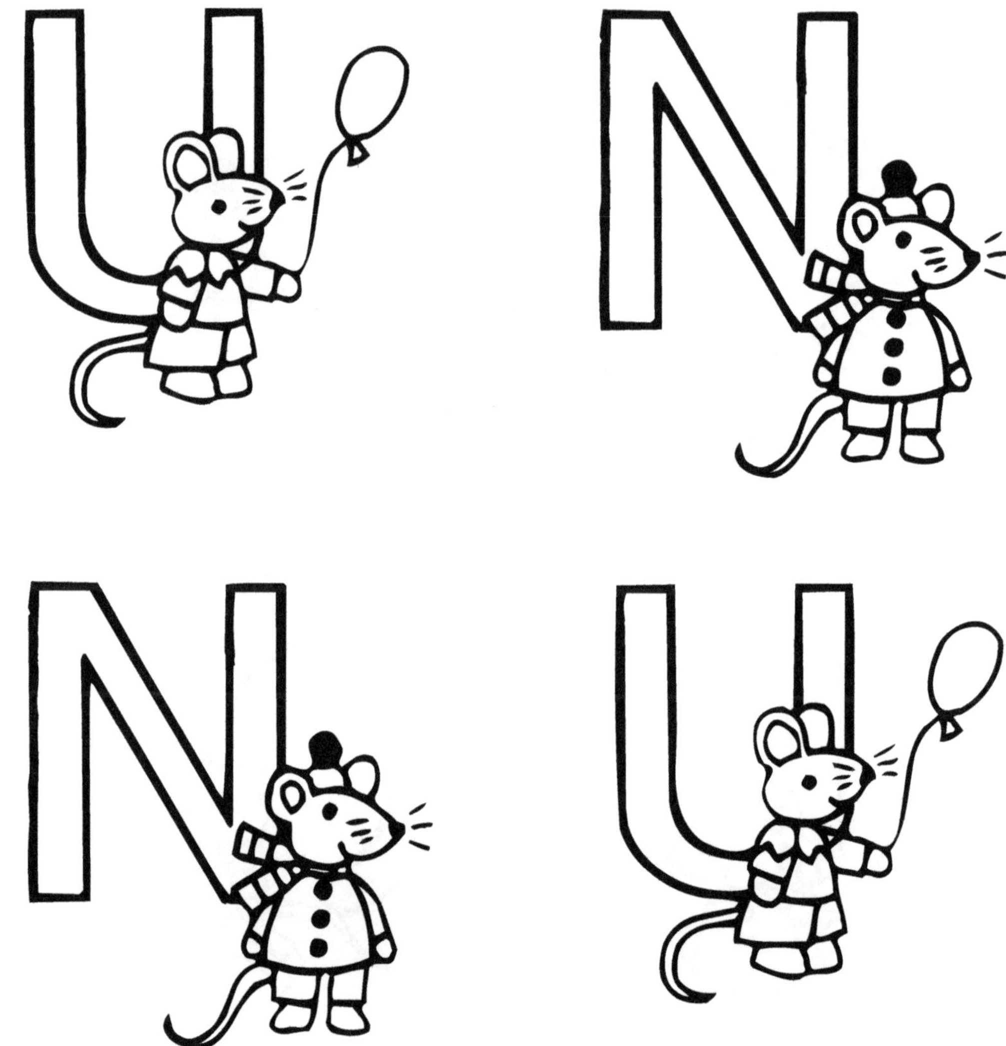

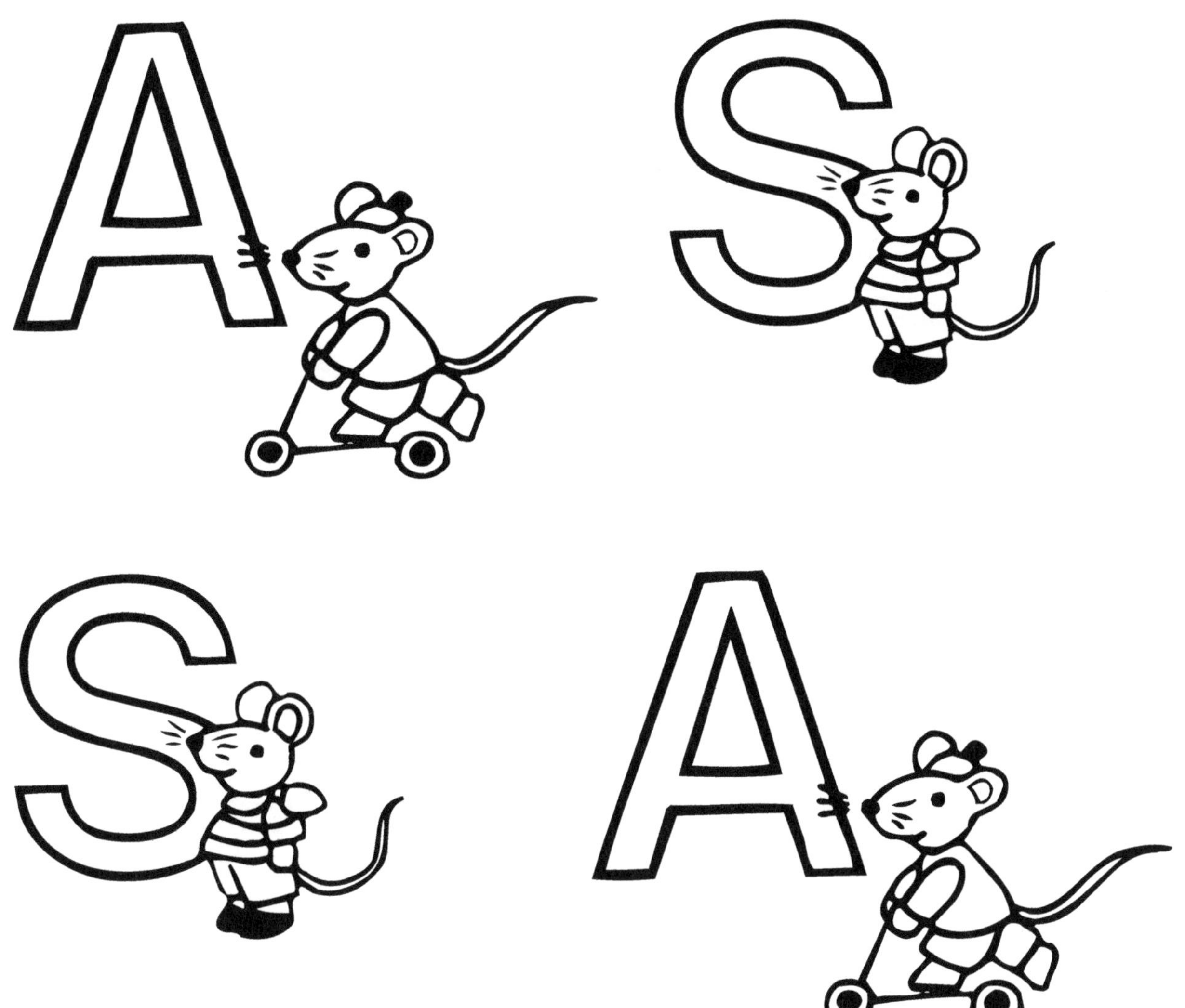

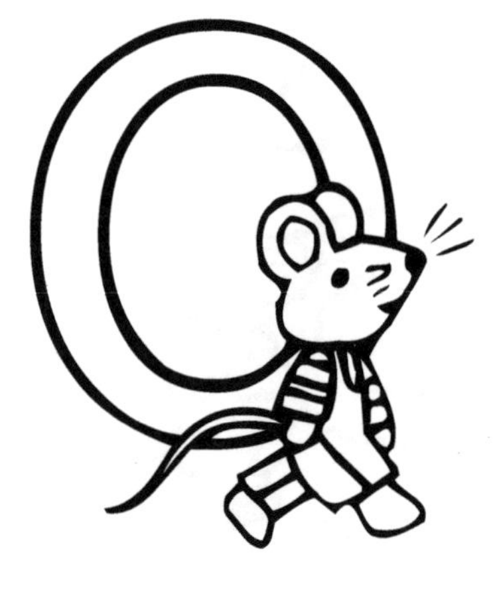

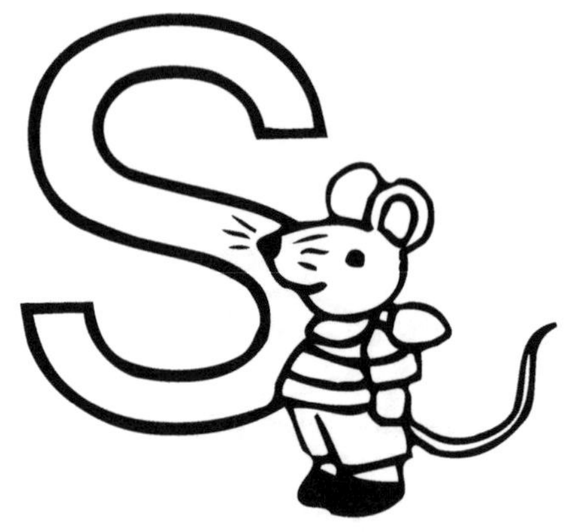

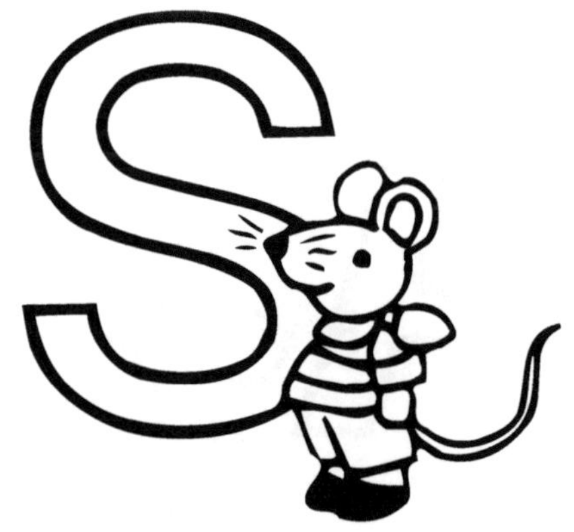

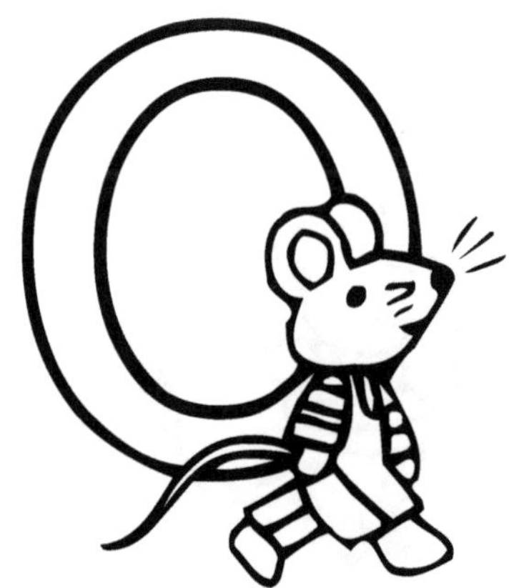

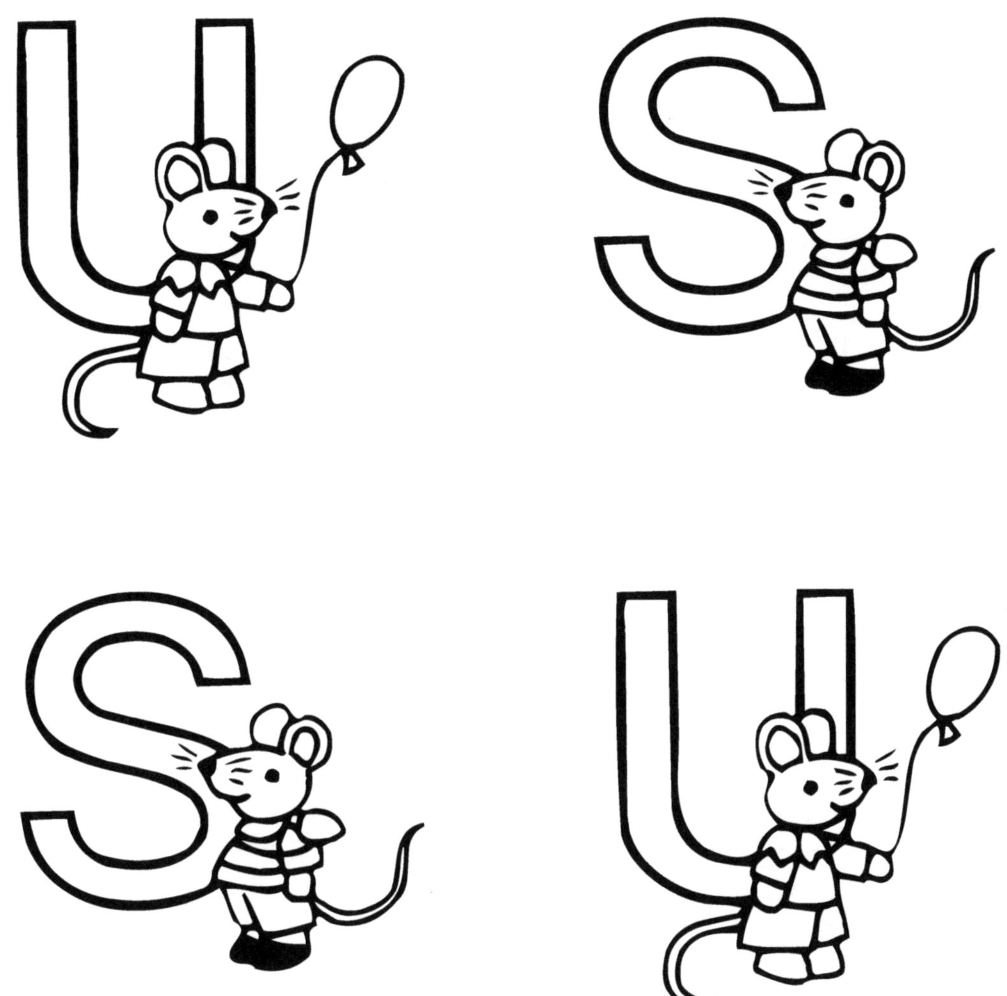

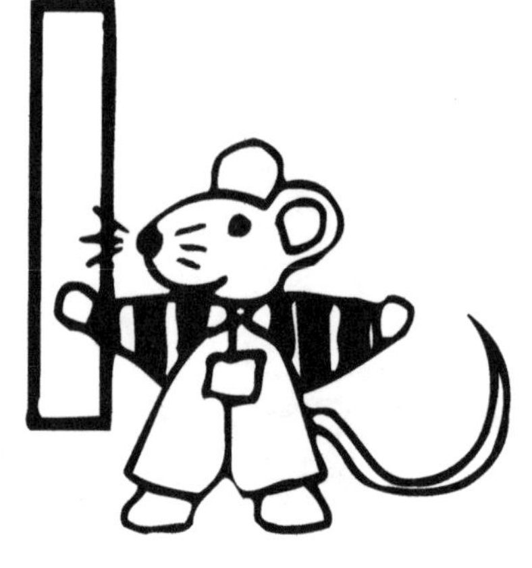

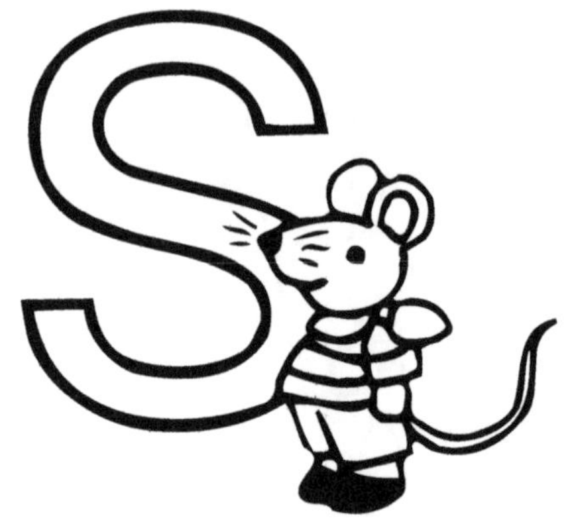

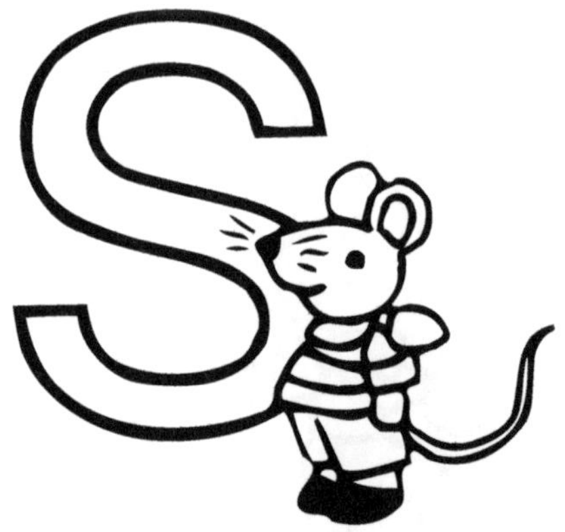

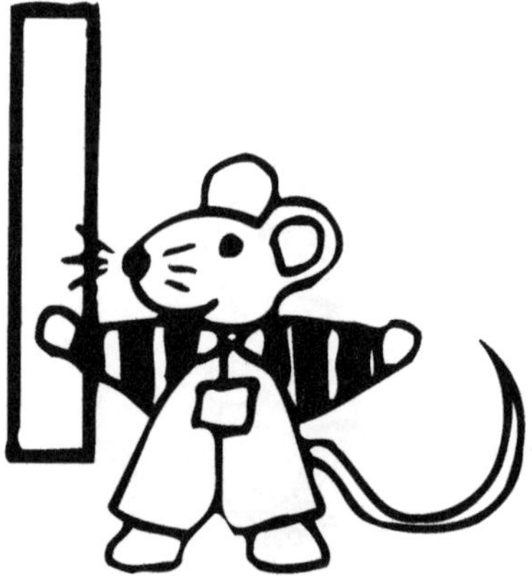

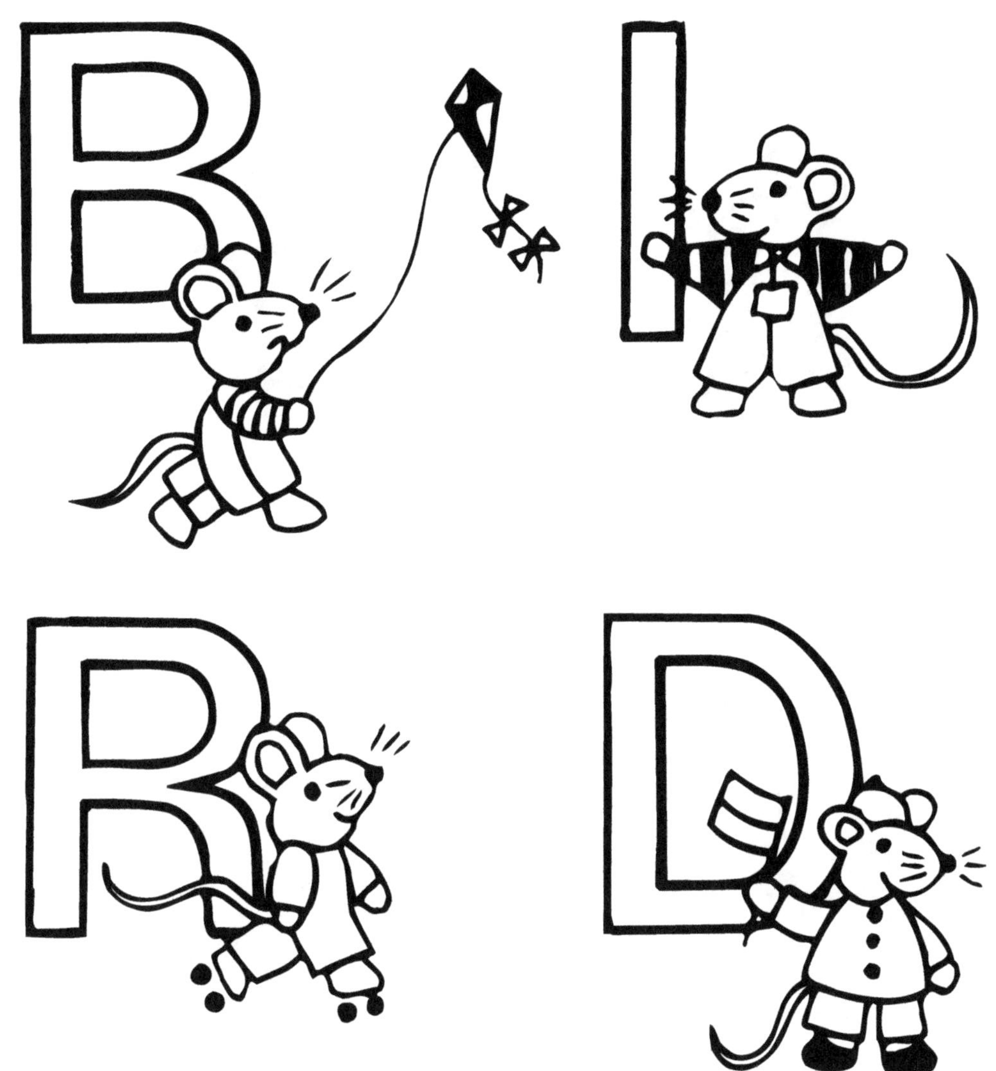
B
I
R
D

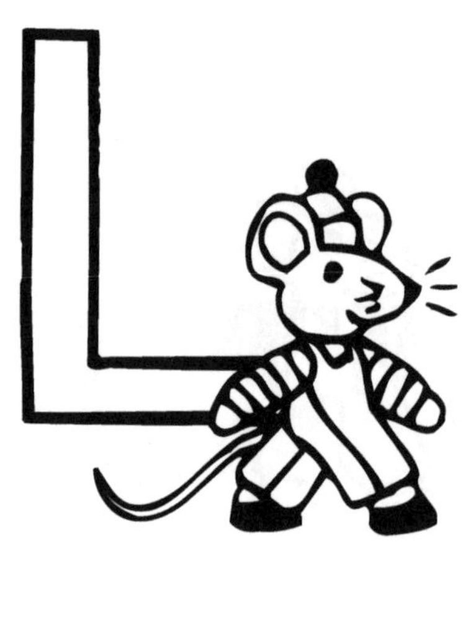

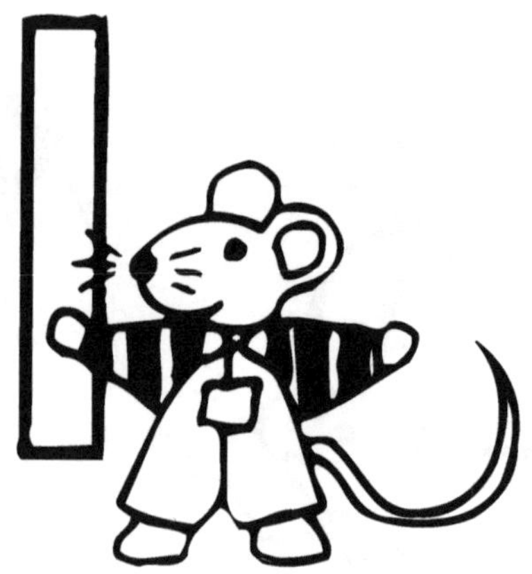

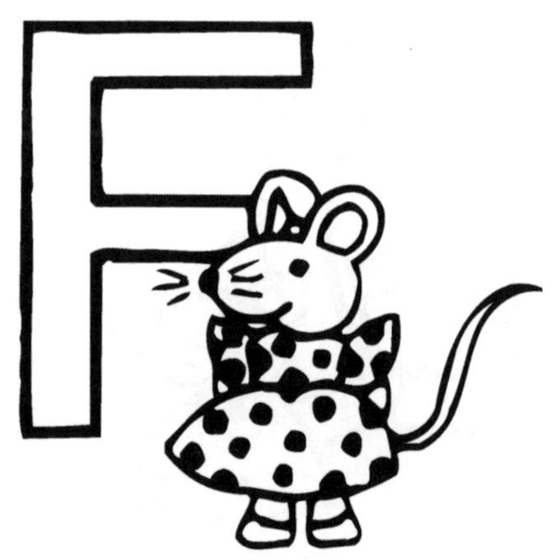

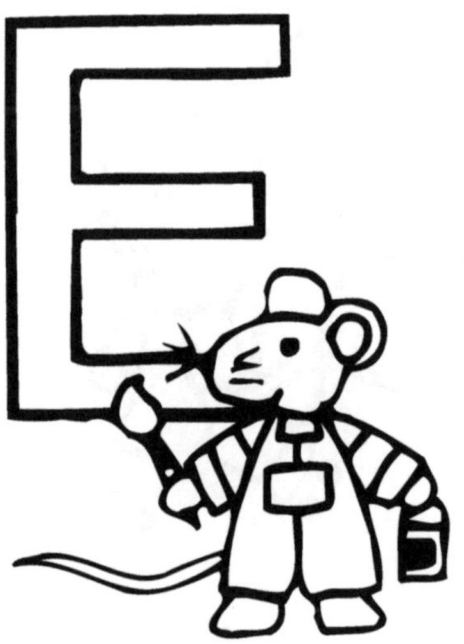

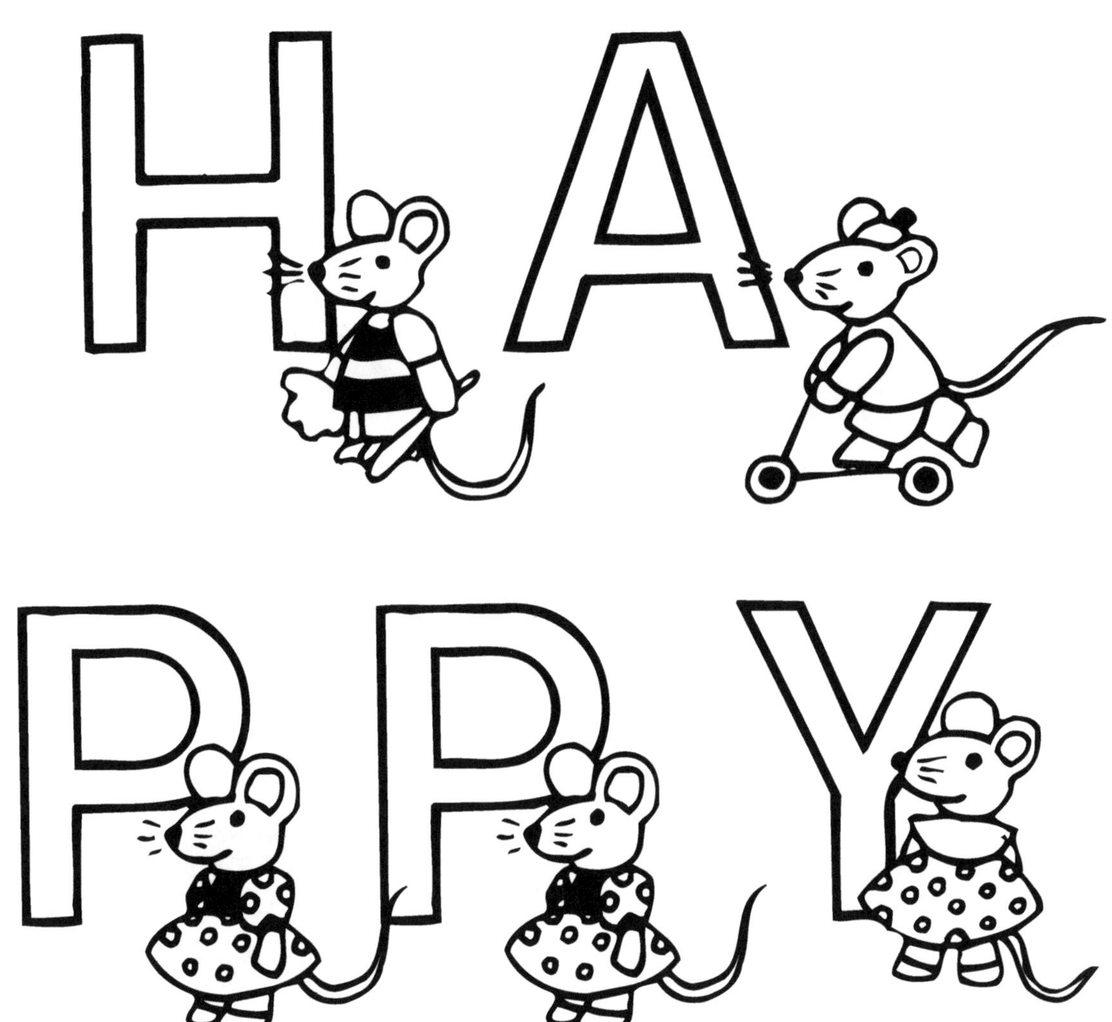

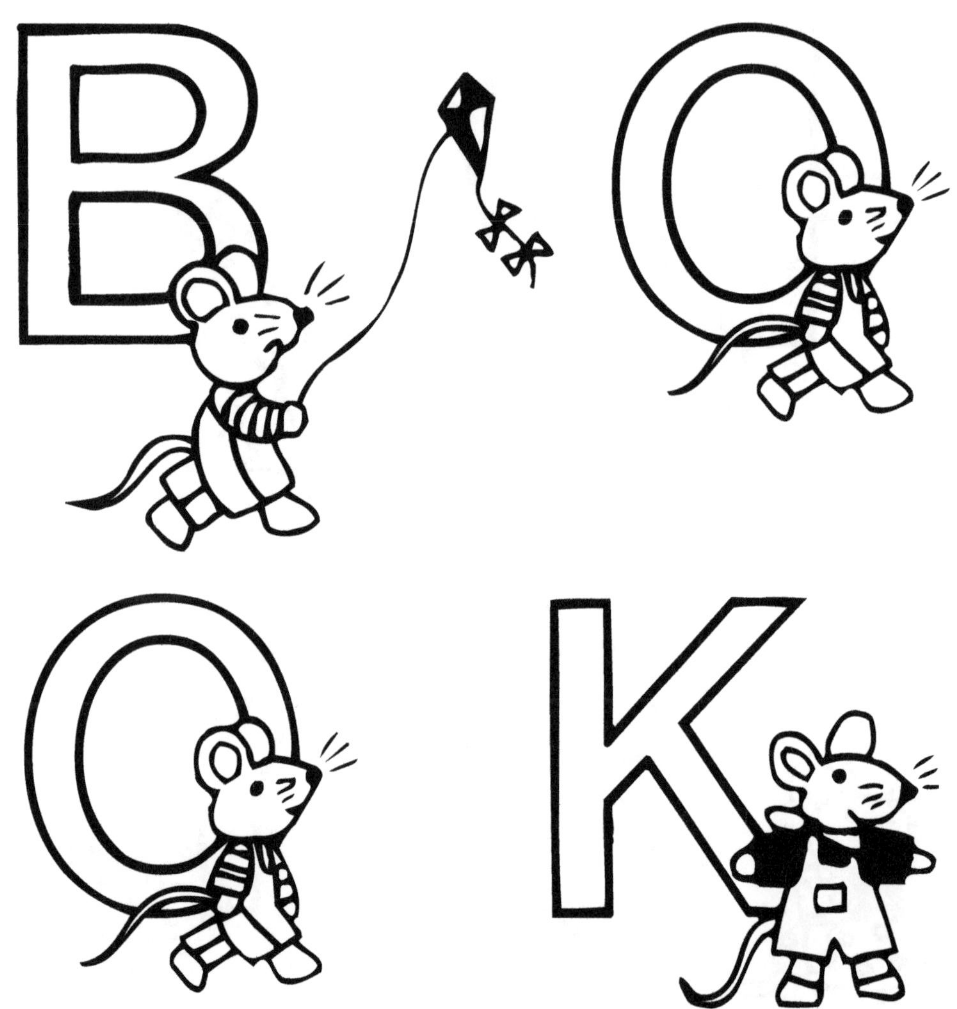